聖母文庫

地上の天国

三位一体のエリザベットの秘密

Francisco Javier Sancho Fermín, o.c.d
フランシスコ・ハビエル・サンチョ・フェルミン o.c.d
西宮カルメル会 訳

聖母の騎士社

聖母文庫

田端美恵子
八十路の春
八十路を歩む一老女が、人生の峠に立って永久に広がる光の世界を見つめ、多くの人が神の愛に目覚めてくれることを願いつつ、祈りを尽くして綴った随想。　価格500円（税別）

駿河勝己
がらしゃの里
日々の信仰を大切にし、御旨のうちに生きる御恵みを祈り、ガラシャの歩まれた永遠の生命への道を訪ねながら…。　価格500円（税別）

ムンシ ロジェ ヴァンジラ
村上茂の生涯
カトリックへ復帰した外海・黒崎かくれキリシタンの指導者
彼の生涯の一面を具体的に描写することが私の意図であり、私は彼に敬意を払い、また彼の魂の遍歴も私たち自身を照らすことができるように思います。　価格500円（税別）

平田栄一
「南無アッバ」への道
井上洋治神父の言葉に出会うIII
毎日事あるごとに「南無アッバ、南無アッバ」と、神父様のあの最後の実践にならって、唱えることかもしれません。　価格800円（税別）

セルギウス・ペシェク
コルベ神父さまの思い出
コルベ神父様はおっしゃいました。「子供よ……どうぞ私の代わりに日本に残って下さい。そして多くの霊魂を救うためにあなたの生涯を捧げてください」。　価格500円（税別）

聖母文庫

クラウス・リーゼンフーバー
知解を求める信仰
現代キリスト教入門

人間の在り方を問い直すことから出発し、信仰において受け入れた真理を理性によって解明し、より深い自己理解を呼び覚まします。

価格500円(税別)

ヨハネス・ラウレス＝著　溝部 脩＝監修　やなぎやけいこ＝現代語訳
高山右近の生涯
日本初期キリスト教史

溝部脩司教様が30余年かけて完成させた右近の列聖申請書。この底本となった「高山右近の生涯―日本初期キリスト教史―」を現代語訳版で発刊。

価格1000円(税別)

伊従信子＝編・訳
十字架の聖ヨハネの
ひかりの道をゆく
福者マリー＝ユジェーヌ神父に導かれて

マリー＝ユジェーヌ神父が十字架の聖ヨハネを生き、体験し、確認した教えなのです。ですから、十六世紀の十字架の聖ヨハネの教えは現代の人々にも十分適応されます。

価格500円(税別)

﨑濵宏美
風花の丘
(かざばなのおか)


春が訪れ夏が近づく頃まで、十字架の上でさらされた26人でありましたが、彼らの魂は……白く光る雪よりさらに美しく輝いて天の故郷へ帰っていったのであります。

価格500円(税別)

水浦征男
教会だより
カトリック仁川教会報に綴った8年間

ここに収めた「教会だより」は兵庫県西宮市のカトリック仁川教会報「タウ」の巻頭に2009年4月から2017年3月まで掲載されたエッセイです。

価格600円(税別)

目次

日本語版によせて

私は子供の時から常に日本文化に大きな賞賛と魅力を感じてきました。一つには西欧文化とは全く異なる、この特有な文化との出会いはいつも私の好奇心を掻き立てました。また一方、日本人の持つすばらしい豊かさと精神的伝統は、私の個人的探求において、精神性の大きな豊かさの刺激、指針でありました。

本書が日本語に翻訳されることは、私にとって大変光栄なことです。２００９年に聖テレジア・カルメルの霊性のすばらしい豊かさを分かち合うために初めて日本に招かれて以来、毎年同招聘と使命に応えるべく訪日しています。キリスト教霊性の代表的存在の一つであるテレジア派に見ることのできる大きな豊かさを分かち合えるということは、心からの深い喜びを覚えるものです。イエスの聖テレジア或いは十字架の聖ヨハネのような人物像は、多くのキリスト教信徒のみでなく他宗教の人びとにとっても精神的模範となっています。後代ではリジューのテレーズ、エディット・シュタインや三位一体のエリザベットなどが、この霊性を引き継いでいます。この聖人たちに共通していることは、私たちが自分の内面をより良く知る上で助けとなる手掛かりを示し、私たちの歩みを導いてくれることです。

これらの師によって展開された霊性、更に具体的に言えば三位一体のエリザベットによるものは、日本の偉大な精神的伝統においても対話の広い分野が広るでしょう。

ですから本書の日本語版は、常に内面的、瞑想的、観想的精神を育んできたこの日本の地で深い精神的対話の助けになるものと確信します。この道を求めている全ての人びとが出会い、文化や言葉のちがいがあっても、いろいろなビジョンを分かち合えます。私たちの存在の最も深い部分である魂が語りかけるままにすると、言葉は体験と黙想によってのみ理解できる色合いと様相を帯びてきます。

そしてここに対話が生まれます。

三位一体のエリザベットは観想的で、常に新しい発見をし、人間の内面を探求する魂そのものです。彼女の沈黙への愛、自らの内面の部屋の発見、考え方の素朴さ、等々が彼女を理想的な対話者へと変容させました。それらを踏まえた上で彼女と心と心の対話を始めることができるでしょう。

読者の皆さんがますます深く内面の、魂の、美の、真の領域へと潜心するために本書が役立つことを願ってやみません。

最後に、日本の皆様が常に変わらぬ真心のこもった受け容れをしてくださっていることに感謝します。日本のテレジア的カルメルの家族の皆様、特に観想修道院のカルメリットに感謝を捧げたいと思います。皆様の奉献と存在、対話と寛容に、そして何にも増して、日本の平和のオアシスになろうと望まれていることに感嘆しております。又本書の翻訳に多大な労を払ってくださった松岡順子、安場由の両氏に感謝申し上げます。決してやさしいとは言えない神秘神学の言葉づかいの翻訳をしてくださったことだけではなく、本書で明らかにしたかった体験の心に入っていく努力を払われた事に対して感謝します。

フランシスコ・ハビエル・サンチョ・フェルミン ocd
アビラ、神秘大学にて　２０１７年8月2日

西宮カルメル会創立70年に敬意を表して。

序文　人間の根源的希求

幸せを願わない人がいるでしょうか？　多分、この問いからは誰も逃げられないでしょう。もはや自分の人生に幸せになれる可能性を見いだせない予感から、自らの生を強く否定する人たちをすら、この問いかけは動揺させます。ある意味、男女を問わず全ての人が、幸せを得られるというほんのわずかな希望が心にある限り、犠牲や不自由に ―たとえ長期間であっても― 耐えられるのです。我が子を前進させようと必死になっている親たちに、顕著に見られる例です。そして何らかのイデオロギー、利己主義的な人生設計、宗教、或いは何かの利益や物質的な目的が動機となって生きる人々にとっては価値あることなのです。

しかし、私たちの人生の中に絶えず見つけられる幸せは、とても脆いものであり、簡単に私たちの手から零れ落ちてしまうものです。私たちは幸せの瞬間を手にすると、手から零れ落ちないようにと、全力で握りしめようとします。しかし厳しい現実に気付くのです—問題が生じ、病気に脅かされ、災難に見舞われ、近くに迫っている死の影に脅かされます。このような現実からは、誰も解放されません。そこで何が起こるのでしょうか？　幸せの可能性は陰りを帯び、自分の存在が無意味だと思い込んでしまうのです。誰も自分の将来をコントロールできませんし、ましてや他人の将来をもです。お金、権力、孤立、表面上の確実性や安定性は、幸せを守り保護するには充分な助けにはなりません。私たちの世界に於いては、全てが、コントロールすることも予知することも出来ない数多の原因、要因に連なっているのです。一つの間違った行動、一つの自然現象、様々な原因の重なりひとつによって引き起こされる混乱に対し、後戻りは出来ないのです。一つの事故が一瞬にして人生を変えてしまいます。癌が取り返しのつかないこともあります。私たちの人生における愛、男女の愛、友人愛は何時いかなる時でも裏切られることがあります。自分の子供でさえ、彼らが社会に飛び立つと、親を忘れたり、遠ざかったりするのはよくあることです。不幸にも、我が子さえ理解出来ない親がいることも現実です。

ここで幸せの脆さについて、しばし考えてみると、幸せの継続を確保してくれる何事も何者も存在しないことに、私たちは気づきます。幸せは私たちに、何の保証も無しにやってきます。そして予想だにしない時に壊れ、消え去り、無くなってしまいます。

ここで、第2の問いを提起します―幸せになれるのでしょうか？　人生の上で襲ってくるかもしれない全てのことに耐えうる、そしていかなる物も人も消滅させることのない継続した幸せというものがあるのでしょうか？　もしこの問いに、人間性の脆さだけに限った視点から考察すると、確実に「NO」と答えざるを得ません。そしてこの問いを宗教的根拠から提起すると（宗教・宗派を問わず）、間違いなく、両義にとれる次のような答えになるでしょう。一方の答えは「NO」で、言い換えれば、この世に生きている限りは、継続した幸せは得られません。もう一方の答えは「YES」で、死の向こうに私たちを待っている幸せな世界があるからです―天国、楽園、宇宙の融合、等々。しかしこれも宗教に定められた掟に従って生きた場合に限りますが。

これらの問いをキリスト教に直接あててみると、どんな答えに私たちは出会うでしょうか？　多種多様でしょう。死後の天国での絶対的な幸せを否定する人はいないでしょう。もうひとつは、この地上での私たちの生活と関わってくることです。幸せとは、この世にいる間は環境に左右されるとても脆い少女のようなものです――この世は「涙の谷」であり、「天で報いを受けるために」苦しみ、「十字架が私たちの重い運命」であり、「キリストのみ旨を受け入れる」ことであり、「キリストは十字架につけられて死に」と……そして答えは多くの人を慰め続けながらも、真実のほんの一部と最も表面的なものを再現するだけなのです。

こうであるとすれば、純粋に一連の問いが生じますが、その答えから逃げるべきではないでしょう――神は何故私たちを創造したのか？　神は、私たちの苦しみを見て楽しむサディストなのか？　真実の神は愛とは無関係で、私たちの過ちを自分たちで償わそうとしているのか？　何故このようなことをよりにもよって私にされるのか？　この十字架を担わなければならないなんて、私が神に何をしたというのか？　幸せを私に戻してくれるように神に何をしたら、何を捧げたらよいのか？　神は何故そんなことを許すのか？　何故奇跡を行わないのか？　どうしてこのようなことを避けて下さらないのか？……人生のある時期には、私たちの信仰を危機にさらしながらも、このように限りない疑問をぶつけてきました。

私たちを取り囲む不幸な出来事で起こるこのような信仰の危機を、健全に乗り越えられる決定的な瞬間に出会うと、神への誤った概念によって自分達の頭が鈍感になっていた事や、単に自分の無力を前にして、その原因の責任を転嫁する相手を見つけようとしていたことに気付くことができるかもしれません。多くの場合この時点で、問題となっていた根本的な原因が見つかるでしょう。

第3の問いは、読者自身が自問してください、私は本当に幸せなのか？　と。残念なことにキリスト者の間でもこの問いに対し、確信をもって肯定的な返事をする人に出会うのは、ますます難しくなっています。実際に私たちに何が起こっているのでしょう？　あの「泣く、苦しむ人々は、幸いである、天の国はその人たちのものである」という教えは、一体どうしたのでしょう？　無関心がはびこっていることに、驚くには及びません。ある種の宗教上の儀式を除いては、宗教が私たちを他の人びとと異なった者にするとは思えないし、少なくともそうは感じません。宗教は一般の人びとに「幸福」を提供できるというコンテキストの中で、「福音は良き知らせであると言えませんか？」

これらの執筆によって、秘義を解明しようとか、私たちを納得させるための論拠や理念にしたいと思ってはいません。饒舌を尽くした言葉はもう沢山だということを、度々私たちは聞いたり言ったりします。ですから、話す当人が私個人ではないようにしたいと思います。一人の人物像は千の言葉よりも雄弁に語ります。本書が真に目指しているものは、それです。生き生きとした、実存の、実際のイメージを通じてこの世でも幸せになれるということを、感じ取れるように、或いは見つけられるようにしたいと思います。逆境の中にあっても幸せであったある若い女性について考えることによって、この「涙の谷」においてさえも、幸せに生きることが出来る何らかの助けを発見するかもしれません。この女性とは1880年7月18日に生まれ、1906年に不治の病に罹り亡くなった一人の若きフランス人エリザベット・カテーのことです。1984年に教皇ヨハネ・パウロ2世によって列福されました。訳注 この書の中で見て行きますが、彼女の数少なく、短い著作は、人生がどのように展開しようとも関係なく、幸せな次元の中で、ここで今、生きていけるという確かな証しを伝えてくれます。エリザベットの人物像をたどることによって、彼女が言っている、「全ての人に手が届く道」を追跡しましょう。

彼女が亡くなって一世紀が経ちます。世界大戦、無差別な人種殺戮、核開発競争、物質主義の隆盛、貪欲な資本主義などの跡を残した一世紀でもありました。21世紀の人類の方向に光と影を投げかけた一世紀でもあり、立ち向かっていかなければならない多くの挑戦を残しました。国家間の持続する平和を築き、飢餓や不公平の蔓延を克服する、等々。希望をもって挑戦すれば、新しい世界の構築を可能にする楽観的なパノラマが私たちに開かれてきます。

現在私たちを取り巻く環境は、新鮮さと模範的な現代性をもってエリザベットのメッセージを提供してくれます。彼女には私たちに伝えたいメッセージがあり、その貴重な内容は私たちの本質の奥深くに影響を及ぼします。エリザベットは、私たちが真に幸せになり、私たちの存在そのものと生きることに意義を与える、そのような信仰を生きるための助けとなることを望んでいます。この信仰とは、キリストが福音で私たちに宣べておられることを真剣に受け止める信仰です。もし私たちが自分そして周りの人びとの生活を僅かでもより幸せにできたとしたら、それは現存しておられる真の神に私たち自身がもう少し近づくことができたからです。これがこの本の主旨でもあります。エリザベットがこの私たちの意図することに手を貸してくださると私は確信しています。

本書は大変特別な背景のもとに生まれました。ハンス・ウルス・フォン・バルタザールが、その生涯は神学的存在であったと定義づけた福者三位一体のエリザベットの、帰天百周年の準備に当たります。彼女の著作についてのバルタザールの綿密な研究とゆっくりと行った考察は、その教義の美しさだけではなく、21世紀に生きる私たち男女にとって実践的であり必要であると私を確信させました。

エリザベットに見られる、簡素な生活の中で充実して生きる能力は、誰をも無関心にさせない何かがあります。今日多くの信徒が感じている空虚感と必要性、伝統的な信仰に飽き足らない私たちの背景を、彼女の作品は照らしてくれます。本書ではエリザベットの教義のパノラマを展開するつもりはありません。ただ私たちの信仰が本物であり、役に立ち、生きていると感じられるように、彼女のメッセージが私たちの信仰を活性化する助けとなるよう願っています。彼女は本質的なものを見出し、その確固たる土台の上に生きることを学びましたが、この点を特に明らかにして行きたいのです。男性も女性も皆、幸せになる可能性を自らの手に持っています。神はそのように望みました。それが私たちに与えられた最大の贈り物です。問題は、私たちがそのことを自覚せず、信じきれていないのです。この方向に沿った必要な知識を私たちが受けていないことも事実でしょう。さあ、ここでエリザベットから導かれて、学ぶ時がきました。

最後に、本稿の執筆に当たり、共同体の兄弟ロムロ・クアルタス・ロンドーニョ神父の多大な協力があったことを申し添えます。彼の知識、長い経験がこの本の一行一行を照らしてくれました。完成した本書の最終結果に深く感謝します。

本文中のエリザベットの著作は、次の文献から引用されています。手紙（Cartas）、信仰における天国（El cielo en la fe）、霊的日記（Diario Espiritual）、愛されるままに（Déjate amar）、崇高な者によばれて（La grandeza de nuestra vocación）、黙想ノート（Notas íntimas）、詩（Poesías）、最後の黙想（Ultimos Ejercicios Espirituales）。（注1）

（注1）引用文献は、ブルゴスのモンテ・カルメロ出版社2005年版「三位一体のエリザベット全集」からの作品を使用。

訳者注　サンチョ師の原文では、イザベラとスペイン語読みで表記されているが、本書　24
では、エリザベットとフランス語読みに表記した。
福者三位一体のエリザベットは、２０１６年教皇フランシスコにより列聖さ
れた。

1. 人生の限界

今日、心理科学の進歩により、幼少期の環境が、その後の人生に大きく影響を及ぼすことが判明しています。愛情の大きな欠如、すなわち必要な愛や十分な優しさを受けることなく、感じられないままの不幸な幼少期が、大人になってからも弊害をもたらすことがあるのです。若者や大人の情緒障害の多くは、幼少期にその根が隠されているのです。現代では、幼少期の虐待や両親の愛情の不注意が大人になって影響を及ぼすことは立証されており、異を唱える人はいないでしょう。それは個々の過激で非社会的行動の潜在力の保育器のようなものです。友人関係あるいは男女の関係は、その空虚感を埋めようとする無意識の欲求が見られると、度々証明されています。このことが克服できなければ、友情や生涯を共にする人たちの健全な安定性は容易く脅かされるものとなるでしょう。

この意味で、私たちの社会が歩んでいると思われる道は、ふさわしい家庭環境をつくる助けにもならず守ってもくれません。感情や愛情の安定という点からも（離婚の増加、親が子供と一緒に過ごす時間の不足、子供特有の幼稚なふるまいに耐える親の許容能力の低さ、等々）、適切な社会的、人間的な教育の観点からも（いたるところでこのようなケースが見られますが、教育的側面がほとんど見られない）。子供はきまぐれに欲しいものを無限に手に入れることに慣れ、その余りの多さにもはやおもちゃを弄んでいますが。しかし、最も マイナスなことは、物事の正しい価値を教育しないので、頼めば何でも手に入るという幻想をもって育つことです。

かなり一般的な傾向として、親が一日の長い仕事の後、時間不足や忍耐の欠如、疲労感から子供の相手をしなくて済むようにと、テレビ、映画、ネットゲーム、学外活動等で子供を楽しませ、家族の団欒にほとんど時間を費やさなくなってしまいます。この環境でもたらされた生活の力学の結果が、将来の世代に持ち越されることを私たちは分かっていないのか、もしかしたら気づいてはいるのかもしれません。すでに次のような気がかりな兆候が表れています。優柔不断で意志が弱く、犠牲心が乏しく或いは皆無で、金銭本位の職探し或いは就職、物質的野望、より早くより多くを得る、自立が難しく、結果として親の家に寄生、感情面の未成熟又は不安定によって、安定した関係に一生をかける覚悟ができない。快楽と所有だけを目指した人生設計。人々との関係や人生構想が非常に表面的。極めて重要な人間の価値に対する無関心の拡大。自由であるとの自己欺瞞におぼれ、その反面、流行や消費企業活動に全面的に左右される、等々

このような未熟な情緒、不安感に加え、批判精神、独創性、イニシアティブが欠如している結果として、政治的又は宗教的な保守的傾向を招いています。このようなケースのほとんどの場合、安全で、自分をコントロールできる逃れ場を無意識のうちに探しているのです。

一人の聖人の人生における限界

エリザベット・カテーは1880年に生まれました。現代に生きる多くの人びとにあるように、彼女は幼少の頃から理想的な家庭的環境に恵まれてはいません

でした。父親であるジョセフ・フランシスコ・カテーはフランス陸軍での22年間の厳しい兵役の後に、やっと大尉になれたひとでした。母親のマリー・ローランドは、裕福な家庭の一人娘で、父親も軍人で、職務での長期の父親不在に彼女はとても苦しい思いを経験しました。マリーの最初の恋人は戦場で亡くなりました。この数年後に、夫となり娘二人の父親となる人に出会ったのです。

ジョゼフ・フランシスコとマリーは1879年に結婚しましたが、ジョゼフは47歳に届こうとし、マリーは14歳年下でした。この時代では、年齢からみても2人の違いからも典型的とはいえない結婚でした。エリザベットの誕生（1880年7月18日）が、母親が1日半も苦しみぬいた末に、やっと産まれたというのも驚くには及ばないでしょう。難産の余りの深刻さに、医者は子供が死産かもしれないとの診断を下しました。心配をよそに、エリザベットは健康で産まれ、7月22日に洗礼を授けられました。

エリザベットの生後2年間は父親の職業上の関係で何回か引っ越しがあり

ました。最初の引っ越しは、フランス、コート・ドール、オゾナへの転勤で、1881年5月から1882年11月までそこに居住し、その後ディジョン市に転居。このときエリザベットは2才になっていました。1882年2月20日、カテー夫妻に次女マルグリットが誕生し、同年5月に妻を亡くした母方の祖父が同居することになり、家族が一度に増えました。ここからの数年は、家庭生活に安定と調和が見られます。

しかし、1887年1月24日に祖父が、同年10月22日に父親が死去し、その結果、家庭生活の愛情面にも経済面にも根本的変化が起こりました。母親はそれまでは働きにでる必要もなく、やり繰りしていくには十分な資力があったのですが

……

ザベット（エリザベットの幼いころの愛称）に対する幼少期の思い出は、決して容易い子供ではなかったことを物語っています。妹のマルグリットは次のように思い出しています。とても利発で気性の激しい子供でした。彼女の怒りは本当に

凄いものでした。典型的な小悪魔です。幼少期の最初の頃、怒り出すと手におえなくなるほどで、小さなバッグに荷物を詰め、良き牧者の家（近所にあった養護施設）に預けると脅されたくらいでした。鉄のような意志をもった怒りが爆発すると、悪魔に取りつかれたようだったと母親が言うほどでした。7歳以降になると、家族を襲った悲劇が原因してか、ザベットは自分の振る舞いを自覚し、自制心をもって歩み始めました。

難産の末に産まれた体験からありがちなこととして、両親、特に母親の過保護な態度が彼女の性格に強く影響したと言っても驚くにはおよびません。エリザベットの母親は、大変善良であったことは疑いの余地もありませんが、特に夫の死後、娘たちに全ての愛情を注いだことが、エリザベットの生涯、少なくとも彼女の外的決定に関する面で、大きく影響しました。

エリザベットは、住んでいた街の音楽学校でピアノを習い、教会の要理教室に通った以外は、系統立った学校教育は受けていません。その他の全ての知識は、彼女とマルグリットのために母親が雇った家庭教師から個人教育を受けていました。ザベットの社会生活は母親の大きな影響を受け、又見守られていました。家庭的な集まりに出席したり、親戚や友人を訪ねては長期の休暇を楽しみました。彼女のほとんどの友人・知人が女性であったことは興味深いことで、男性との関係は通常は司祭か親戚に限られていました。

エリザベットが音楽に発揮した驚くべきキャリアは特筆に値し、深い芸術的感受性を備えていたことを物語っています。1888年10月に音楽学校に通い始めました。数年してすでにピアノの名演奏家になり、1891年に賞を得、13歳の時には音楽学校のソルフェージュとピアノ科で一位の賞を獲得しました。

限界の克服

エリザベットの思春期及び青春時代の初期は、彼女の心を大きな力でとらえた2つの要素が見られます。一つはキリストに対する深い愛と、もう一つは溢れ出る愛情です。彼女が思春期と青春時代に書いた手紙や著作は、この二つの要素の確かな証拠を示しています。内面から沸き起こってくる愛情は、彼女の心のうちに、そして人生で出会う人達との交わりにも流れていきました。

続いて訪れる、内面への降下、神が自分の内に住まわれていることへの気づきは、エリザベットの内に召命の道を確立させていきました。キリストが大きな友であることに気付き、完全に自らを奉献したいと思いました。キリストは彼女にとって最初でかつ心からの恋人でした。キリストを心底から愛したエリザベットは、「カルメル」に呼ばれていると感じました。しかしこの召命の望みは、すぐには実現できませんでした。母親の意図は多分善意だったのでしょうが、子離れが出来なかったように見受けられます。

今日多くの青年が真の天職に進むことに家族の支持を得られないという圧力に会うことは珍しくありません。子供の真の幸せを願ってというよりも、どちらかというと両親の個人的エゴによるこのプレッシャーは、生涯その人の存在そのもののうちに残るかもしれません。エリザベットの場合は、それは数年続いた彼女の大きな苦しみの原因となっていました。後述しますが、その苦しみを自分の内に納め、ゆるぎない決意を持ち続ける術を知っていたので、残りの生涯に影響が及ぶことはありませんでした。

エリザベットの場合は、母親の深い愛情ゆえのプレッシャーであったことは疑いもありません。しかしこの愛は、心からではあっても、捉え方が誤っていたようです。確かだと思われることは、娘たちに母親に対する不信感が芽生えることはありませんでした。しかし付け加えておかねばならないのは、これは一重にエリザベットの分別と母親への無条件の愛によるものが大きかったからに他ありません。この観点から母親の取った態度を受け止めて行きました。母親の思いを根本的に変えることができないと悟り、エリザベットは自身の愛情が神に向けられる必要性があることを少しずつ母親に示しながら、召命の真の意義を理解してもらえるように心掛けました。

エリザベットは、多くの葛藤を経験し、目的を達成するためにひたすら忍耐した結果、ついに母親からカルメル会入会の許可を得ました。ただし成人に達するまでは入会を認めないという条件付きであり（当時の成人年齢は21歳）、母親はこの間に目的を断念してくれるのではないかという夢をいだいていました。実際、素晴らしい結婚話の提案さえありました（霊的日記124）。19歳になるまで、すぐ近くにあったカルメル会を訪れることさえ母親は禁じました。エリザベットは14歳でこの決断をしたのですが、その後の年月、彼女の召命は更に成熟し確かなものになっていきました。

1901年8月カルメル会入会の日、エリザベットは遂に夢がかない召命を実現できると思いながらも、一方で、母親と妹との別離の痛みに苦しんでいました。エリザベットは特に母親が、心の底では彼女の入会をまだ受け入れられないでいたことに苦しんでいたのです。カルメル会にいたのは5年余りでしたが、そのほとんどの年月は苦しみ、特に不治の病に刻印されていました。

修道院での最初の数か月は志願期と呼ばれている新しい生活形式に慣れることでした。この数か月を経て、エリザベットは着衣を迎え、カルメルのカリスマを修業し深める修練期に入りました。着衣式は1901年12月8日、無原罪の聖マリアの祝日に行われました。召命の道に象徴的な第一歩を踏み出しましたが、修練期は彼女にとって闇と内面の苦悩にみまわれた時期でした。誓願式の前夜、最終的段階に入る不安から生じた深刻な危機に陥りました。誓願式は1903年1月11日に行われました。

その後数年は、自らの召命に更なる確信を得、生活の活力に幸せが滲み出ていました。体験した試練や苦しみは、深い霊的生活と同様に彼女にとって最高の伴侶でした。しかしながら、外見上は、幸せは長くは続きませんでした。フランスの政治情勢から、還俗の可能性、言い換えれば修道生活を禁止し、それによって修道女が修道院から全員追放の事態になるかもしれないという脅威がありました。エリザベットはこの事態の可能性に備えていました。

更に悪いことに、１９０５年3月に、彼女を死へと至らしめた病の最初の兆候が現れました。彼女の罹った病気はアジソン病であり、当時は不治の病でした。この病気は、副腎皮質の慢性機能低下によって発症し、疲労感を覚え、血圧、消化障害を伴うものです。体調は徐々に悪化していきました。一年経つと、自室を離れ、修道院の病室に移ることになりました。その症状から、エリザベットは重病であることを自覚しました。病室に移った数日後、重体に陥り、死が迫っていることを悟りました。しかしながら、なおも厳しい数か月を耐え、ほんの少しのチョコレート以外は何も食べられない状態に陥るほどに力が失われていきました。

最後は特に痛ましい数日でした。彼女の体は固形物だけでなく液体すら、最小限の食べ物すら受け付けませんでした。痛みは激しく、特に頭痛がひどく、ほとんど話も出来ませんでした。１９０６年11月9日早朝に、エリザベットは最後の息をし、わずか26歳の生涯を閉じました。

彼女の存在のメッセージの価値に私たちが気づくように、彼女が辿った生涯の幾つかの場面を、大変おおざっぱに紹介しました。容易な生涯を送ったのでもなく、人生は彼女に微笑みもしませんでした。彼女の家庭環境も、特別理想的なものでもありませんでした。引き続き見て行きますが、数々の不足や限界があったにも拘らず、嘆くことはありませんでした。現実を受け止め、そのことに馴染み、意味を見出していきました。犠牲者意識にも不利な状況にもひきずられることはありませんでした。では、彼女の「秘訣」とは何なのでしょうか？　何故、何があっても、誇らしく、充分に幸せな人生を送ることができたのでしょうか？　私たちの人生に、彼女の「秘訣」が大きな助けになるのではないでしょうか？

三位一体のエリザベットから人生とは全てが容易いものではないということを学ぶことができます。言葉が示すもの、意味するものを含め、限界はいずれかの形を取って現れます。病気、苦しみ、死、幻滅、欠乏、誤り、等々。不可避なものを前にして、眼をつぶったり、私には起こらないと考えたりするだけでは十分ではありません。人生の非情な部分から逃げることは、生きることを放棄することで、結果的には真に幸せになる可能性を放棄することになります。嘆き、犯人さがし、責任逃れ等は、単に逃避であり、受け入れも交わりも拒絶しているに過ぎません。私たちは限界や過ちを、人生の中に組み込んで考えなければ、決して解放されることは無く、常にそれらをひきずって歩んでいくことになるでしょう。人々に溶け込み、和解に到達し、その後に回復に至るのは易しいことではありません。しかしながら、幸せはそれにかかっているのです。どうしたら良いのでしょう？　享楽、消費主義、騒音の中に身を隠し、逃避し続けるのですか？　或いは道を探るのでしょうか？　次の章ではエリザベットの秘訣を明らかにしましょう。言い換えれば、何があっても、充満した幸せな生活を送れたのはどうしてでしょうか？　と。

2. エリザベットの秘密

エリザベットの人生を取りまいていた状況を考えると、容易に他の道を辿る可能性があっただろうと、私は確信しています。しかしながら、彼女は自らの内に素晴らしい無限の世界を見出し、その中で成熟し自分の人生に方向付けを行ってきました。かといって、どんな時でも他の人びとから孤立することはありませんでした。

彼女の無限の内面が開かれずにいたら、彼女の感情は与えること、報われることを求めて外へと溢れ出ざるを得なかったでしょう。人は誰でも、特に思春期には話を聞いてくれる人、理解し、向き合ってくれる人を必要とします。ですからこれが初恋、仲間、大きな友情を築く時期になります。そしてこの時期は、人がもっとも傷つきやすく、人に影響されやすく、そこで将来を思い描くのです。

人生は、人各々を取りまく環境によって異なっているのは当然のことです。その環境のなかで、個人的なものだけでなく他人の人生も含めて、その限界と又、人生を送る上での様々な生き方、生きようも考慮しなければなりません。この限界の一つが家庭内にあります。両親は完璧でも、万能でもありません。彼らなりに限界があるのです。ですから振り返って自分の幼児期に愛情面や教育面で何らかの欠如を見つけたとしても、それは必ずしも例外的な事ではないのです。全ての人間はそのような何らかの苦しみを経験します。私たちの限られた資質は、必ずしも悪いとは限らなくても、現実そのものであり、多くの不完全さのもととなったり、原因となっているのです。多くの人と集まって話し合う時にしばしば次のような嘆きが聞かれます。父親がこんなに厳しくなかったら、もしもっと愛情深かったら、もし母親が私のやりたい放題を注意してくれていたら、もしこんなに独占欲が強くなかったら、もし両親がこの勉強をさせてくれていたら、もし他の勉強をさせてくれていたら、もし私をこんなに甘やかさなかったら、もし争ってばかりいなかったら、もし別居しなかったら等と。このような条件付き言い訳の多くは、生い立ちの歴史を受け止めず、自分の問題の責任を押し付ける犯人探しに逃げているのです。

注意してください！ 私たちは誰をも正当化しようとは思ってもいませんし、幼児期における両親の行動の価値を損なうつもりもありません。単に、エリザベットの体験を通して、過去の避け得なかった不完全さを克服する別の道があるということを理解してほしいのです。人誰もの生涯において、教育のレベルで重大な問題点は、各個人の資質そのものの豊かさを評価したり見出したりすることを教えないことだと思います。それ故に、誰も、生涯を通じて、自らに欠如していることや不完全さを克服したり、適合したりする手段に出会えないでいます。私たちは日々感じることをどう対処して行ったらよいか、感受性や感情を、あるいはフラストレーション、限界、苦しみを、どのように受けとめて歩んだらよいか分かりません。自己評価の欠如。内面生活の乏しさ。自分自身と向き合えない。自分自身の資質を受け入れず、状況が求めている典型に自らを当てはめるという乱暴なもくろみ等、これらは全て人間が健全に成長するためには十分に重大で危険な事なのです。

異なった世界の発見

エリザベットの現実そして現代性に言及します。というのもエリザベットがなぜ幸せになる術を知っていたのかを理解することが鍵となるからです。私たちは、多分、歴史上数ある例とは異なった、例外的なケースを前にしています。しかし確かなことは、彼女は直接的にはそのように教育されたわけではないのですが、異なる世界の発見は、彼女の救いであり、感情面、精神面での救いへの道でした。7歳で最初の赦しの秘跡を受けた時、まだ幼少であったにも拘らず、エリザベットはそれまでの自分の態度が正しいものではなかったと自覚しました。気まぐれや苛立ちが襲ってくるのを自制することができないことや、感情をはじめとして生活を制することを学ばなければならないことに気付きました。

同時期に、祖父に続いて父の死に出会ったことで、生き方を熟考したのかもしれません。1889年1月1日、8歳の時に母親宛てに次のような手紙を書きました。「あけましておめでとうございます。新年にあたって、お母さまに、良い子でいること、言うことを聞き、もう怒らせるようなことはせず、泣かず、お母さまに喜んでもらえるように模範生になることを約束します……約束を破らないようにできるだけがんばります。私は今まで時々嘘をつきましたが、この手紙が、嘘にならないようにします」（手紙4、1889年1月1日、母宛て）。確かにこの時からザベットの過激な性格は、徐々に静められていきました。妹は次のように語っています「エリザベットは激しく癇癪持ちな性格でしたが、自分との闘いのかいがあって天使のような優しさをもつようになりました。彼女は幼いころすぐに癇癪を起こし、足をばたつかせて叫んだりする子供でした。こんなにも扱いにくかった子供が、沈着冷静な若者へと変化していきました」。

しかしながら幼いザベットにおいて決定的であったことは、内面の世界の発見、それは驚きに満ちた世界であり、自分自身と向き合う世界だったのです。幼いころの友人が次のように証言しています「最も注意を引いたのは、その年ごろにして、祈りの時のエリザベットに見られる潜心、炎のようなまなざしの純粋さ、感情をこらえる並外れたエネルギーでした。激しさを自分の内に留め、母親にはいかなる不快の気持ちも与えないように最大限の努力を払っていました。非常に利発で自発的な性格だったので、咎められた時など、口答えをしないために、気の利いたことを口走らないように、または他の人に先立って自分が意見を言わないようにと、彼女が唇をかみしめて我慢していたのを幾度見た事でしょう！　しかしながら、遊びを考え付くのも好きで、思いついたことを周囲に話すのも好きでした」（思い出28－29）。

自覚を持って

人間的成長の観点から、エリザベットが7歳にして取った行動は鍵となります。それは自分の態度への意識、そして分別のある大人になるために自分が変わらなくてはならないと自覚したことです。エリザベットが、人生の早い時期に気づいたこの意識の歩みは、彼女の人間成長において決定的な事でした。人間的成長という観点に照らしてみるとより分かりやすいでしょう。J・L・マルトレルがこの件に関して肯定していることは、エリザベットが幼少時に自らを改心しようとした志の重要性を理解する手引きとなります。「人間の成長とは、自己の存在に向き合って、自身の明確なあり方に関わってくる永続的な進化の過程と理解できます。この自身のあり方とは、少なくともある特定時にその人の性格や行動を決定づけるほどの意識を想定するものです。人の心理的推移には色々な面があるように、人の成長を促す意識のこの段階は、それぞれの具体的状況において『自然』に見えるかもしれません。つまり以前からずっとそうであったように感じるかもしれません。それがたとえ常日頃から取り組んできた結果であっても、或いは治療の後や、きわめて重大な体験の末に辛く厳しい思いをして得たものかもしれません。」

超越的感性を広げる

彼女の存在全てにおける調和と進展において、もう一つの重要な要因は、彼女の内面で永遠の恋人である神に出会ったことです。初聖体の日にエリザベットという名前が「神の家」を意味すると言われた時、以前から神とともにいると感じていたことを再確認したのですが、その外からの光によって、自己の空想に生きているのではないとはっきりと確信しました。

幼少期をある程度宗教的な環境で育ち、祈ることを教わると、神と話をするための超越的感性が容易に広がります。子供と接するとこの純粋さが感じ取れます。この感覚は多くの人が、幼いころを思い出して懐かしむ何かなのです。イエスの聖テレジアは、「幼時のよい望み」について話しています。子供の無邪気さによるものでしょうか、それとも先入観にとらわれない考えや心を持っているからでしょうか？　答えは全てにあります。しかしながら、多くの証言や歴史の証人に、特に神秘家の証言に照らして、これは単に幼児の無邪気さによるものではないということを考えてみたいと思います。

エリザベットには明らかに超越的感性が感じられます。彼女は祈りを唱えることから、祈りの中に入るようになっていきました。すなわち内面でのキリストとの個人的な出会いです。内面に向き合うために、目を閉じるだけで、そこでイエスと出会いました。このような出会いが早い時期に起こった事は、イエスとの深い友情がすぐに結ばれるようになり、エリザベットに幸いしました。この友情は14歳にして真の愛に変容しました。完全に全てをイエスに捧げ、貞潔の私的誓願をたてました。エリザベットは普通の恋している少女がしているように、自分の恋人を満足させよう、気を引こうとしました。この頃から人生の構想を立てます。ある時は自分がイエスに好かれていることを聞き、心動かされ、又ある時はイエスが彼女を理解させようとしたり、と。エリザベットの関心は分散することなく、容易に感情がイエスに集中しました。

イエスに伴われて

イエスといつも一緒にいることによって、彼女自身の存在が形成されていきました。「朱に交われば赤くなる」と言います。エリザベットにぴったりと当てはまる諺です。同年代の少女たちと異なって、何を着ようか、どうしたら男の子に良い印象を与えられるか、良縁を得るためにどんな格好をしたらよいかなどを気に掛けることに時間を費やすことが無かったのは不思議ではありません。気が付かないうちにそのようなことから解放されていましたが、それは本人の納得の上ででした。母親を不快にさせないように、表立ってはそれらを何も拒絶してはいません。しかしながら、内面的には彼女自身の判断基準で物事を評価することを学んでいました。

母親が、カルメル会への召命の実現に度々反対したにも拘らず、このイエスとの出会いによって、エリザベットの内面で母親に対し不信感がつのることはありませんでした。イエスと一緒にいることによって、愛すること癒すことを学んだのです。エリザベットが母親の前にいるとき、特にカルメル会に入ってからの態度は驚嘆に値するものがあります。彼女は母親がその内面に神の癒しと愛をみつけることができるようにあらゆる手段を尽くしました。

エリザベットが体験した生涯における苦しみは、内的性格のものだけでなく外的なものも含め、全く通常では考えられない性質のものでした。最初は、イエスを喜ばせたいという思いであったものが、極度の苦しみにあっても、いかに幸せでいられるかということに変化していきました。ここで彼女の生きた信仰が根本的な役割を果たしたのです。生きている人たちのための、そしていつも私たちと一緒にいる神への信仰です。私たち人間の資質本来のものを一切疎外せず、天国で私たちを包んで下さるのと同じく、私たちを今も、深く愛してくださる神です。このように考えると、死は、何ら怖がるものでも恐ろしいものでもなくなり、満ち溢れた幸せへといざなう扉なのです。ですからエリザベットは、死にいたる病にあっても、極端といえるほど幸せだったのです。病も死も喜びのうちに受け入れていました。それ故、病と死は人としての権威を失わせず、より好ましい結びつきになっていったのです。神は常に彼女と共にいて彼女を愛し、彼女の苦しみに無限の価値を与えていました。彼女の痛みや病苦は、救い主イエス・キリストとの一致のうちに生きたのですから、無駄なものではありませんでした。彼女の苦しみは、イエスの苦しみでもありました。死は、アシジのフランシスコが言っていたように、永遠への通過点でしかない、と。

エリザベットは、キリストとの出会いがいかに真実の癒しであり解放であったかということの証し人でした。彼女の内面的生活が鍵となりました。イエスの大聖テレジアの言葉を借りれば、祈りは扉です。しかし、この祈りとは、「神との友情のうちに行う祈り」、神との個人的出会い、潜心・念祷への道です。もし、彼女の人生から信仰と祈りを取り去ったら、「何と可哀想な！　あんなに若くして苦しみながら亡くなってしまって！」という一言で終わってしまうでしょう。彼女エリザベットの人生の最後の月日は、このことを完全に否定したものでした。彼女の唯一の心配事は、彼女の病と間近な死に心を痛めている人々の悲しみと苦しみを取り払うことでした。

秘密——内面的生活

彼女の内面的生活は、彼女の人生を安定させ導く原動力となりました。彼女の不完全さを補い、真の幸せに出会う道でした。ですから苦しみにも、病にも、死にも屈することはありませんでした。すでに書く力も尽き、口述した最後の手紙に、彼女の人生の全てに意味を与えたことが残されています。「あなたのエリザベットが天国に行く前に最後の挨拶を送るとともに、天国で再会するまでのあなたの日々の計画をお手伝いします……心からの兄弟であるあなたに、人生の道で様々な困難に出会うでしょうが、耐えるようにと進言します。けれど決して気落ちすることなく、その時は、私を呼んでください。そう、あなたの姉妹である私に声をかけてください。そうしてくれたら、私の天国での幸せが増えるでしょう。私は、あなたが克服するのを助け、あなたの愛する神さまや大好きなお父様やお母様にふさわしい人になるのを見て、とても幸せに感じるでしょう。大好きなあなたに最後の望みを伝え続ける力が残されていません。私が神様と共にいるようになったら、お祈りの中に私を見つけてくだされば、もっともっと良い状態で再会が出来るでしょう」（手紙342、１９０６年11月、シャルル・アロー宛）。

ここに私たちの人生に明らかな指標が示されました。エリザベットによって着手された道は、人生の多くの傷を癒し、克服することができると感じさせます。その為の力が私たちの内に隠されているのです。決して魔法の手法によるものではなく、正当なプロセスを踏んだもので、時には難しく、痛みを伴うでしょうが、恒久的な結果を保証してくれるものです。トランスパーソナル心理学者フェルナンド・ロドリーゲス・ボルナエチェアは、人間の成長は、個人に関する「自己構築」と「自己認識」の過程であると受け止め、これらの普遍的価値の回復は知的水準で考えるものではなく、その（体験を）生きるべきであると確信しています。そしてこの生きるということは、彼が定義するところによると、「自分を超越するための4つの扉」によって実現できるとしています。その扉には、歴史上の賢人や神秘論者によって探求されてきた様々な霊的道が要約されています。その4つの扉、又は超越の扉を、彼は、空虚な扉、調和の扉、あわれみの扉、超越性の扉と定義づけています。

三位一体のエリザベットはこの発見の明らかな模範ですが、とはいえ彼女の概念形成は福音書の真実に基づいています。次からの章を、この観点から具体的に展開していきましょう。

3. 福音に真剣に向き合う

多くのカトリック信徒の信仰に接していると、時として脆く、とても表面的な現実に出会います。このような信仰が真実であると受け止めている者は、自論にそぐわないことを言う人には、「喧嘩」すら厭いません。とどのつまり、その信仰は、少なくとも外見的には、自身のアイデンティティーの一部を被ったイデオロギーとほとんど違いがありません。

多くの「良きキリスト者」が存在します。日曜日にはミサに与り、しかも毎日与る人もいます！ 自分たちの司教を命がけで守る人や、教会に大口の寄付をする人もいます。この中のどれくらいの人びとが真に幸せなのでしょうか？ もし顔が魂の表れだとするならば、悲しい魂を持った人が何と沢山いることでしょう？ 彼らはきっと福音を告げる喜びも体験せず、伝えることもないのでしょう。

人生でわたしたちが実際に悲劇的な状況に陥った時には、どんな反応を示すでしょう？　大切な人の死を前にした時、私たちの信仰は本当に慰めになるでしょうか？　私たちは誰でも大きな痛みを伴った状況に立たされることがありますが、その時、私たちの信仰はぐらつき、無限の問いを投げかけ、神の前で嘆き、ある時は神の冷静な態度を非難し、ある時は神の意志を繰り返し否定します。なぜ私たちはそのような行動をとるのでしょうか？　多くの場合は、私たちが神に対して勝手に自分に都合の良いイメージを抱いていたり、あるいは神にのみ、本心をぶつけられることから起こることです。いずれにせよ、神に向けられたあらゆる言葉は、そのプロセスを辿って結果が表れ、前後してその人は光が見えてくるでしょう。典型的な例はヨブ記です。

岩の上に築く

しかしながら、私たちの信仰を更に真にかつ堅固に生きることを助けてくれる道があります。雨や嵐が襲おうとも私たちの家が崩れ去ることがないようにと、岩の上に築き留まる信仰です。私たちが築こうとしている信仰の岩とは、福音です。イエスの言葉を真剣に聞くことから始めなくてはなりません。言い換えれば、み言葉が私たちの信仰の要となる内容に変わるように。ですから、常に福音書を携え、生涯繰り返し読むことを勧めます。

三位一体のエリザベットは、ここで今、真の幸せを証ししてくれた多くの男女のように、福音に照らしてその信仰と神体験を成熟させました。彼らは、そこに人生の基盤となるものを見出し、イエスの言葉を如何に真剣に受け止めるかによって、信仰も強固になることを悟りました。本書を通じて、新約聖書の明確な言葉（特にヨハネによる福音書と使徒パウロの手紙）が如何にエリザベットの信仰生活に確かな基盤を与えたかを考察していきましょう。

良き知らせ

「福音」の語源は「よき知らせ」という意味です。すなわち聴く人や対象者を幸せのメッセージによって喜びと歓喜で溢れさせる知らせです。福音書の著者自身もそのことを充分に認識していますが、特にイエスが公的活動を開始された時に顕著に表れています。ルカによる福音書では、イエス自身の口を通して預言者イザヤの言葉が宣言されます。「イエスはお育ちになったナザレにきて、いつものとおり安息日に会堂に入り、聖書を朗読しようとしてお立ちになった。預言者イザヤの巻物が渡され、お開きになると、次のように書いてある個所が目に留まった。『主の霊がわたしの上におられる。貧しい人に福音を告げ知らせるために、主がわたしに油を注がれたからである。主がわたしを遣わされたのは、捕らわれている人に解放を、目の見えない人に視力の回復を告げ、圧迫されている人を自由にし、主の恵みの年を告げるためである』」（ルカ4・16－19）。イエスは、ご自分が来たのは、人類の歴史に於ける新しい時代の到来の幕開けであると告げられました。一言でいえば、様々な理由で（目が見えない、貧しい、捕らわれている、圧迫されている、等々）幸せに恵まれていない人々への、幸せの告知です。この事について疑問が残らないように、ルカは少し後に、次のように強調しています。「そこでイエスは、『この聖書の言葉は、きょうあなたがたが耳にしたとき、実現した』と話し始められた」(ルカ4・20)。

福音史家ヨハネは、イエスの公的活動の始めに当って、非常にシンボリックな他の叙述を選んでいます。カナでの婚礼とそれに続く清めに用いる水を葡萄酒に変える奇跡です(ヨハネ2・1―12)。葡萄酒が象徴するものは力となって祝宴を、喜びを、歓喜を溢れさせます。しかし、このたとえのなかには、この事とは別に、見落とされている要素があります。葡萄酒に変わった水とは、普通の水ではなく、ユダヤ教の清めに用いる水であったことです。アンセルム・グリューン師は、より深い事実として理解するべきであると述べています。民に重い負担となっていた伝統的宗教の水は、今、歓喜、喜び、祝宴の宗教へと変化するのです。「わたしの軛は負いやすく、わたしの荷は軽いからである」(マタイ11・30)。柔らかく軽いものは、重く隷属の荷となることを止め、解放する力に変わります。

神の国はあなたのなかに

キリストが神との関係を従来の方法とは異なったかたちで捉えようとされたことは明らかです。この方法とは人類にとって幸せの絶え間ない泉と言えましょう。そのメッセージは、彼に従う人々や心底彼の弟子になりたいと願う人々に示した人生の計画であり、幸せ、喜び、至福を示しています。山上の説教は「幸いなるかな」という歓呼からはじまっています。マタイによる福音（マタイ5・3－12）同様、ルカによる福音（ルカ6・20－26）も「幸い」、将来の喜びを強調していますが、又、今の現実をも含んでいます。動詞の現在形を活用していることによって私たちに理解させようとしています。「心の貧しい人々は、幸いである、天の国はその人たちのものである……義のために迫害される人々は、幸いである、天の国はその人たちのものである……喜びなさい。大いに喜びなさい。天には大きな報いがある」（マタイ5・3、10、12）。

イエスの考えのなかには、神の国はイエスの現存と共に始まった現実であり、

「信じる者は永遠の命を得ている」ことが今ここで始まっているということがはっきりしています（ヨハネ6・47）。イエスは、美しいユートピアの所産のような、のどかな国家の創立を差し出すために来られたのではありません。イエスご自身が宣言し、始めることは、全ての人が手の届くところ、その人の内にあるのです。「実に、神の国はあなた方の間にあるのだ」（ルカ17・21）。これが私たちが発見できる宝であり、唯一必要なものとの出会いなのですから、その他全てはその価値を失います。多分私たちには、これはこういうものだという信仰の確信が足りないのです。丁度ファリサイ人が華々しい到来を想像していたように。

神の国の人びと

既に神の国に住む人々の状況は、子供のようなものです。「人は、新たに生れなければ、神の国を見ることは出来ない」（ヨハネ3・3）「子供のように神の国を受け入れる人でなければ、決してそこに入ることは出来ない」（ルカ18・17参照、マタイ18・3－5、マルコ9・35－37、マルコ10・15、マタイ19・13－15、マルコ10・13－16）。

イエスが神の国の人びとの模範として子供を登場させるのは、非常に興味深いものがあります。幼少期を適切な家庭的環境の中で育った子供は、心配なく、幸せに、安全に、問題も複雑な考え方も苦い生涯を送るような生活設計も無く生きます。現在を生き、偏見を持たず、自然で、シンプルで純真です。このような態度をイエスは私たちに求めています。私たちは澄んで、真っ直ぐで、混じり気のない見方を持っている時に、今この時を楽しむことができ、体験として神の国の現存を発見できるのです。「天地の創造主である父よ、あなたをほめたたえます。これらのことを知恵ある者や賢い者には隠して、幼子のような者にお示しになりました」(マタイ11・25)。神を父親のように慕う子供が、神の国を発見できるのです。

この次元からみると、多くの知識人にとって、信仰において神の受け入れに心を開くことが難しいのは納得がいきます。最近、私宛てのメールで、宗教は無学の人びとのためのものかと書かれてきました。このようなことが肯定されるのは不思議ではありません。ユダヤ人であり、哲学博士、無神論の現象主義者であったエディット・シュタインは、神との個人的な出会いの後に、真実の探求をしていたある哲学者に次のような助言をしています。「論拠をもって説得することはできません。もし、あなたをあらゆる論拠から解放することができたら、そこではじめて手を差し伸べられるでしょう。助言ですか？　もう助言は致しました。こどものような心になり、研究も杞憂も全て、あなたの命と共に神に預けることです。もしそれでも真実を見いだせなければ、あなたが疑問を抱き、良く知らない神に手を貸してくださるように求め、更に求め続けるのです。さあ、こどものような単純な知恵であなたの前に立つことを恐れない私を、驚きをもって眺めてください。知恵というのは単純で全ての秘訣がその中に隠れているのです。目的へと全面的信頼を持って導く道なのです」（1927年1月6日、カーフマン宛て手紙、エディット・シュタイン全集より）。

神はなぜ父なのか？

私たちの神との関係は、信頼しきっているこどもたちのようであるべきです。

多分ここに福音の大きな新しさの一つがあります。イエスは私たちが神と向き合う姿勢を根本から変えました。文化的、非現実的な関係ではなく、神は父であるという関係であり、そのような立ち位置から私たちは神との関係を育んでいくということです。４福音書のなかで、イエスは「アッバ」（パパ）という言葉を170回口にされます。そのうち107回がヨハネによる福音書に現れています。サマリアの女との対話のなかでイエスは私たちに新しい礼拝は「霊と真理」をもってするように言明されています（ヨハネ４・24）。私たちを「しもべ」と呼ぶのではなく「友」と呼ばれるからです（ヨハネ15・15）。

又、忠実な弟子たちの生活についても幸せの基調で映し出しています。神である父を信頼しているので安心した生活を送り、塩となり光となって人々の幸せの泉になり、幸せを人々に運ぶ術を探します。これを根底において私たちは「最後の審判」を理解するべきでしょう。食べ物や飲むものを与え、訪ね、着せ、人々の幸せに愛を持って貢献した人々が救われるのですが、これは、広く分かち合う幸せを表現したイメージなのです（参照マタイ25・31－46）。それ故にイエスは、幸せを確立するための土台を告げ、説教し、準備しますが、具体的には赦しを告げ、こどものような心になることを勧め、そして神のみ手に全信頼を置いて思い悩まず、貧しく、欲を捨てて生きることをです（参照ルカ12・22－32、マタイ6・25－34）。又回心した罪びとのために祝宴を開く父なる神を私たちに示しています（参照ルカ15・1－32）。

ですからイエスは、病気、罪、死のような、人間が最も恐れる事柄への勝利に心を配るのです。彼の行ったあらゆる奇跡は、すでにある幸せを表面化したものなのです。イエスの死と復活は、死さえも私たちの存在を失わせられないことを示しています。「わたしは既に世に勝っている」（ヨハネ16・33）。そしてその真の幸せを確実なものとする為に一つの命令を下されました。「イエスの愛に結ばれながら」（参照ヨハネ15・1ss）「父なる神のみ旨を行うことです」（参照マタイ12・49－50、ルカ11・27－28、ルカ8・21）。

常に現存する神

しかしながら、人間の生活を停滞させ悲しませる何かが本当にあるならば、それは誰からも愛されずに、孤独で見捨てられたと感じることです。ですからイエスは父の無限の愛を確約して下さるだけでなく、「世の終わりまで、いつも私たちと共にいる」ことを約束して下さり（マタイ28・20）、その上に弁護者である聖霊を私たちに送ってくださいます（ヨハネ14・16－18、16・4－15）。従って、私たちが目を開き新たな現実に気づいた時、その喜びは何倍にもなるでしょう。「わたしは再びあなたがたと会い、あなたがたは心から喜ぶことになる。その喜びをあなたがたから奪い去る者はいない」（ヨハネ16・22）。このみ言葉は、私たちの内面での絶え間ない神の現れへの気づきだと理解できませんか？　あらゆる時代の神秘家はこのように神の現存を発見しましたが、それが彼らの幸せの鍵であったのです。

ここで、前述したイエスの言葉全てを手に取ってみましょう。もし私たちがその信頼性に納得し、自分たちの信仰生活に取り入れていくなら、私たちの生活は有効な変化の過程を歩み始めると確信します。こうして、み言葉が私たちの血となり肉となって、私たちは、神の国の幸せの次元に生き始めるのです。ここにエリザベットのメッセージが、イエスのみ言葉に裏打ちされた生活の実りに根付いていることがわかります。

4. あなたは神の子になれる

福音史家聖ヨハネにとって、私たちがみことばの受肉の秘義から授かる大きな贈り物の一つは、神の子となれることです。これについては彼の福音書の良く知られている序章に表れています。「しかし、言は、自分を受け入れた人、その名を信じる人々には神の子となる資格を与えた」（ヨハネ1・12）。福音史家ヨハネにとって、神から遣わされキリストによって体現された信仰は決定的なものです。その信仰とはいくつかの真理を信じるだけでなく、その言葉どおりの生活を送ることであり、生き方を変える言葉です。というのも、イエスの言葉を信じるということは、その言葉に従って生きることだからです。

愛と自由の関係

福音書が私たちに伝える良き知らせは、「私たちは神の子である」という言葉に要約できるでしょう。イエスは、私たちが神の子であるという核心にそって生きていく道を示すためにこの世にこられました。イエス・キリストの神は全てのものの先におられる御父、或いは聖ヨハネが好んで言う「神は愛である」と述べられてきました。神は私たちを自由な者として、又自由のために創造なさいました。人間からの愛のこたえを待っていらっしゃる神であり、言い換えれば私たちは自由です。自由は諸刃の剣となることを私たちは知っています。私たちがその愛を拒絶することさえできる力を神は私たちに与えていらっしゃいますが、それは、愛は自由であり、自由に由来するものであってこそ真の愛と呼べるからなのです。自由には、私たちへの神の愛のあふれんばかりの最も魅了される秘密の一つがあります。又、私たちは何者であるか、私たちは何に呼ばれているか、この世の働き、それはどこに到達するのか、そしてそれは神のみ旨なのか等々の大きな神秘が自由の中に隠されています。この自由の観点からみれば、歴史上の出来事の不可解な神秘が理解できます。

幸せとは単に精神状態を指しているのではなく、物事の取りようによって生じたり、愛の無限の渇きが満たされたかどうかによって意識される条件や生活様式をも含みます。ですから幸せとは個人の選択と自由によってのみ可能となると理解できます。この自由とは真実の解放であって、神に無限に心を開く人のものなのです。

ですから、自分が神の子であるという確信から出発した歩みの結果としてエリザベットの人生に幸せが訪れたことは、不思議な事ではありません。そしてそこで、前もって神に与えられていたその恵みとその力によって自分自身で自由に選択できる運命の真の意義を発見するのです。妹のマルグリット宛ての手紙に「神は母となったあなたの心に子供たちへの深淵の愛を与えてくださいましたが、この秘義の大きさがお分りでしょう。愛するギット、あなたのこどもたちは神の子ですよ！　喜びで飛びあがらんばかりでしょう？　私の好きな聖パウロの言葉に、『天地創造の前に、神はわたしたちを愛して、ご自分の前で聖なるもの、汚れのない者にしようと、キリストにおいてお選びになりました。イエス・キリストによって神の子にしようと、御心のままに前もっておさだめになったのです。神が愛する御子によって与えてくださった輝かしい恵みを、わたしたちがたたえるためです』（エフェソ1・4－6）とあります。言いかえれば、イエスが神の子である以上の大きな恵みは無いと思います。更に聞き続けると、『もし子供であれば、相続人でもあります』（ローマ8・17）。ではここで言う相続とは何でしょうか？『光の中にある聖なる者たちの相続分に、あなたがたがあずかれるようにしてくださった御父に感謝するように』（コロサイへの手紙1・12）。そしてその後、遠い将来のことを言っているのではないと私たちに言っているように聖パウロは付け加え『あなたがたはもはや、外国人でも寄留者でもなく、聖なる民に属する者、神の家族であり……』（エフェソ2・19）。更に『わたしたちの本国は天にあります……』（フィリピ3・20）」（手紙239、1905年8月13日、妹マルグリット宛て）。これは、いかなる例外もなく、神から全ての人に与えられた力について述べています。ですから生活の中に取り入れたいと願う信仰の第一歩は、このような状況のもとに生き始めるためにこの力を使うことです。

子になるとは、神を父として認識することです。この真理が取り上げられるたびに、幸運にも愛である神へと導かれます。この意味において、愛である神の次元に特に焦点を当てたベネディクト16世の最初の回勅はありがたいものです。この回勅『神は愛』(Deus caritas est)で教皇は、神が私たちを神の似姿として創造されたその愛を隣人愛へと変容し、この世で実践するようにと示された神の愛に満ちたみ顔を特筆されています。教皇は多くの考察の中で次の点を強調されています。「愛は存在全体を、時間という次元を含むそのすべての次元において、包括します。愛はそれ以外のしかたで存在することはできません。なぜなら、愛の約束は、その最終的な目的を目指しているからです。すなわち愛は永遠に向かいます。愛はまことに『忘我(エクスタシス)』です。ここでいう忘我とは、陶酔状態に陥る一時的なことではなく、一つの旅路としての忘我のことです。それは、自分のことだけを考える状態から脱出し、自己を捧げることによって自分を解放し続けることです。こうして人は、真の意味での自己発見へと、さらにまた、神の発見へと導かれます」。

神の子として信仰を生きる

さて、確信したこの真理を、生活のなかで変容させ、その全てを吸収し、完全に形成していかなければなりません。そして、この試みの中で多分最も根本的なことが忘れ去られてしまう恐れがあります。イエスは私たちに御父を紹介されるとき、理論的な説明ではなく、純粋に御父との関係づけをし、そしてどのようにして私たちが御父と関係を築くかを教えてくださいました。「(祈る時は)こう言いなさい。天におられる私たちの父よ……」と。単なる出来事や明らかな真実ではなく、基本的な関係について取り上げているのです。イエスは私たちを、神の子として生きるよう、父なる神の子として関係を持つよう招いておられます。父―子の関係を特徴づけるものは、文書でも出生証明書でもありません。子供と父親はそのように振る舞い、関わって初めてその本質が実現できるのです。ある子供にその父親が重要人物で、善良で、裕福であり、全てを捧げて愛すると言っても、父親を良く知りもしなければ、又いつも関わっているのでなければ、これらの事柄は子にとって何の役にたつでしょう。同じことが私たちと神との関係においても言えます。もし子として、神との関係を持たなければ、神への信仰を告白しても何のためになるのでしょうか？　それが私たちの生活上何の益となるでしょう？　ですから、信仰生活において踏み出せる第一歩は、神は愛であることを受け入れることです。

エリザベットの人生は、私たちに父である神との関わり方の具体的証しを与えてくれるばかりでなく、どのようにしたらその関係をもてるか、またそれがどのようにシンプルであるか悟らせてくれます。彼女はイエス・キリストの父なる神は基本的に、「天地創造の前に、神はわたしたちを愛して、御自分の前で聖なる者、汚れのない者にしようと、キリストにおいてお選びになりました」（エフェソ1・4）とあるように、憐れみの父であることに明確な意識を持っていました。

この同じ力強いパウロの手紙のなかに書かれている御父を、エリザベットは、絶え間なく私たちを見守って下さっているお方として考えます。そこから神がなぜ私たちを創造されたかの理由を発見します。「御父は計り知れない豊かさのうちにご自身を眺めておられ、その結果、永遠の御言葉である御子を遣わされました。まだ無から創造されていなかった全ての被造物の原型は、既に御父の考えのうちにありました。御父ご自身のうちにです。創造以前に神のうちにあった私たちの原型である永遠の命は、創造の理由であったのです」(信仰における天国22)。このエリザベットの言葉は、私たちへの神の愛の計り知れない神秘を、そして私たちの生命を充分に生きるためには、なぜ御父のそばで子としての資質を生きることが必要なのかを解き明かしてくれます。

エリザベットは、「栄光を讃える者」としてのミッションを考察しながら、次のように述べています。「神の永久不変の計画に関するこの2つの表現を比べると、『栄光の賛美』の務めをふさわしく果たすためには、帰するところ、神のみ前で生きるべきであり、それどころか、使徒は私たちに〝in charitate〟と言っていますが、これは神に於いてということです。〝Deus charitas est…〟(神は愛です）（一ヨハネ4・16）。そして この神の存在との近しさが、神の目に、私を『汚れなく、聖なる者』としてくださいます」（最後の黙想6）。

幸せとの出会い――信仰は愛へと導く

〝神は愛〟と言うことは、神は全ての人に、そして私たち一人ひとりにご自身の全ての豊かさにあずからせ、なお絶対的で完全な幸せを望んでおられると言うことを意味します。神は「被造物のうちにご自身を眺め、純粋で一点の曇りもないクリスタルのように、完成とあらゆる美しさに輝く被造物をごらんになりたいのです。それこそ神ご自身の栄光の延長ではないでしょうか？」（最後の黙想8）。更に明瞭な言及があります。「そうです、洗礼によって私たちは神のものになりましたが、聖パウロはこれを『神が召しだした』という言葉を使っています。確かに私たちは三位一体のしるしを受けるように呼ばれていると同時に、聖ペトロの言葉によると『神の本性に与らせていただくようになるためです』（二ペトロ1・4）とあり、『キリストに連なる者となるのです』（ヘブライ3・14）。これが関係性なのです」（信仰における天国）。エリザベットの体験は、私たちの神との関係を理解するうえで役に立ちます。神の子であるとは、神性にあずかり、神のうちに生きるように招かれていることです。

神との出会いは、必ずしも感情的なものではなく、既に私たちに与えられている神の愛への信仰から出ているものです。「信仰を通して、それらの善は私たちの魂に既に存在し、その善を実際に楽しむより以前に、信仰のうちに享受していくのです（信仰における天国19）。これこそ私たちの信仰の最高の行為といえるものなのです（信仰における天国20）。そして神に私たちが捧げ得る最高の讃美は、私たちの内にある神の愛を認識することです。ちょうど母親がわが子に乳を与え育む姿にも似て、神ご自身が私たちの魂をいとおしみ、慈しみで包み込んでくださることのように思えます」（信仰における天国34）。

父なる神への思いに忘我していたエリザベットは、神と関係を築くには一つの方法しかないことに気付きます。それはイエスとサマリアの女との対話に見出せます。「まことの礼拝をする者たちが、霊と真理をもって父を礼拝する（ヨハネ4・23）」こと（信仰における天国33）。霊をもって礼拝するとは、心と思いを神に向けて礼拝することであり、真理をもって礼拝するとは、私たちの行いをもってということです。

神に愛されていることの認識

私たちは、愛されていると認識した時から人生は変わります。人との関係を持つきっかけは、実際に自分が関心を持たれ、心配され、愛されていると感じとった時に、根本的転回が起こります。神さまに対しても同じことが言えましょう。神の無条件の愛を私たちが意識するに従って、人生は変わり始めます。又、物事の受け止め方や評価によっても変化します。エリザベットはこのように言っています。「この愛は深く全くの静寂の中に、自らの意識を失うほどに潜心する愛です」。この静寂は真の賛美です。このようにして、霊と真理をもって礼拝する人は、移り行くことや覆っている雲をのり越え、自分自身を超越し、この世で約束された天国を生きているのです。と言うのも「礼拝するお方がご自身のなかに全ての幸福と栄光を持っておられることを人は知っている」（最後の黙想21）からです。

神の愛とは言うなれば現実の、現存の、個人的なものであり、私たちの人生に於いてそれを見出すには、ただ習得するだけです。往々にして私たちは神から遠ざかったり、神と関係するいかなる手段も（ご聖体、典礼、黙想……）煩わしかったり単調に感じたりしますが、それは神を前にして先入観で一杯になっているからです。例えて言えば、神が私を監視しコントロールしている、或いは私を罰したり重い十字架を背負わせるのではないかという考えの中でもし生きているとすれば、これらの〝考え〟あるいは概念が、神に近づこうとするときの妨げになっているのです。それは自分が勝手に神について感じたり、受けたイメージと一致しないというだけで、自分は幸せになれないとか、人生に思い描いていたことすべてを台無しにされるかのように思ってしまうようなことです。

今日、私たちが頻繁に遭遇する神への拒絶は、多くの場合、神に対して勝手に抱いているイメージを拒んでいるのであって、神本来の正しいイメージとは異なっています。誰が一体、私の人生にあらゆる意義を与え得るお方の無条件で寛容な愛を —正常な判断の下で— 放棄するでしょうか？ そのお方は、私のありのままを御存じの上で、私を受け入れ愛して下さっているのです。

私たちをご自分と等しいものにされる神

ですから、何故エリザベットが、神が人間に対して何を望まれているかについて繰り返し強調しているのかを知ることは興味深いことです。「魂を高めること」そして自身を神の高みに近づけることです。この点に於いて彼女は十字架の聖ヨハネの忠実な弟子です。「神ご自身にいくらかでも似るようになること以外に高められることはありません」、ですから愛の貢物を要求されるのです。「と言うのも愛は愛する者を愛される者に等しくする特質をもっているのですから」（信仰における天国15）。フランダースの神秘家ロイスブルークの言葉を借りれば、彼は確信をもって次のように述べています。「それが神の即時性の神秘であり、絶え間なく来られ、そしてあたかも一度も来られたことが無かったかのように常に初めてのように来られます。と言うのも神の到来は、時間とは無関係の永遠の『今』という概念の中に於いてなされ、永遠の望みは神の到来の喜びを終わりなく新たにされることです。神がもたらすこの歓喜は、無限です。というのもこの喜びは神ご自身ですから」。そこからこの驚くべき出来事は「私たちの奥深くにおられる神そのものが、私たちのところに来られる神を迎えられるのです。そして神が神を見つめられるのです！　至福そのものである神をです」（信仰における天国17）。

このような御父と関係を持つことは、いたってシンプルで直接的です。子供と父親の関係と同じく形式も、仲介者も、方法も必要としません。ですから私たちは神の子であることのみを拠り所としています。そして御父は私たちが心から御父に委ねることを喜ばれ、私たちを迎え入れ、許し、守り、伴い、導いて下さるのです。「この理想を達成するには、自らの内面を見つめ、神の現存と共に静寂のうちにとどまることを必要とします。すると魂は、何の制限も受けず、満ちあふれた中で神のうちに没頭し、展開し、燃え上がり、溶け込むのです」（信仰における天国25）。

普遍的兄弟愛

父なる神と呼びかけ、神の愛を認識することによって、その関係が決して閉鎖的になることはありません。神の父性を唱え、子として神との関係を持つ者は普遍的父性の発見へと開かれます。人は皆、神の子です、結果、皆兄弟です。他者を兄弟と思える人は、兄弟の窮状をみて平然としてはいられないでしょうし、それを他人事とは考えず、分かち合う心を開くでしょう。つまるところ、キリスト者の真正が推し量れ、そしてそこから本当に私たちが神に出会ったかが確認できます。これに関してヨハネの手紙一4章をみると疑う余地がないでしょう。「わたしたちが互いに愛し合うならば、神はわたしたちの内にとどまってくださいます」（一ヨハネ4・12）。何はさておき、イエスが私たちに命じたキリスト者としての唯一のしるしは、互いに愛し合うことです。愛するとは、ですから、神と出会うための確実な道なのです。

以上のことを鑑みても、全ての神秘家が無限に思いやりがあり、使徒的な心を持っているということに何の不思議もありません。彼らのうちにおいて、神との関係は閉じられることはありません。彼らは他者を助け、救い、神への取次ぎが身についているようです。エリザベット自身も大変な熱意をもって、必要としている人々のためにこの愛を生きました。しかし明確にしておかなければならないことがあります。エリザベットにとって実際に困窮している人、或いは貧しい人とは神のその無限の愛を遮断して生きている人たちのことなのです。それ故に彼女は彼らが神の真の愛に気づき、再びその愛を生きるようにと導く「魂の救い」について話しています。イエスへのこんなにも深いこの愛が、彼女の全ての心配事や望みを次のように伝えています。「その十字架の美しい一部を私のために取っておいてくださり、信頼をおける者として又、そのみ心をお慰めする者として私をお選びくださった師と、その十字架の苦しみを分かち合いたいのです」「そうです、私の感じやすさと犠牲と祈りをもって師に痛みを忘れて頂きたいの

です。師を愛さない人々の分まで私は愛し、師が愛した魂を、師へと向けさせたいのです」。（霊的日記8）

他者を助けることはエリザベットにとって極めて重要で身近な緊急の要なのです。「永遠の父よ、あなたは心を動かされないのですか？　まだ何が足りないのでしょうか？　神さま、魂ですね。どんな犠牲を払ってでも、魂を得たいのです。私の全生涯は償いであり、どんな苦しみも覚悟しています。でも、世のために憐れみと慈しみを！　私の浄配であり、私がお慰めしたいイエスの名において。」（霊的日記22）。カルメルに入会前の彼女に潜在していたこのような願望は、彼女の召命に意義を与えました。彼女の生涯における全ては他者のためにと向けられていましたし、そのことによってどんな代価を払うことになっても彼女は厭うことはありませんでした。彼女にとって神への愛とともに他者に対する愛は、すべてに勝って絶対的な価値でした。「私の心は人々の魂を回心させたいという望みで燃え上がり、この思いは夢にまで追いかけてくるので、私の心は休む間もありません。神さま、私の心にあるこの熱い思いをかえりみてください。そして私に苦しみを授けてください。そうすることによってのみ、生きていることに耐えられます。天の御父よ『苦しみか死か』なのです」(霊的日記27)。この考え方はイエスの聖テレサから得たもので、次のような解釈が妥当でしょう。〝人々のために主に仕えるか、或いは死しかありません。それ以外、生きる意義がなくなるからです。〟

5. 三位一体の神の似姿である私たち

神の愛の痕跡がどれくらい私たちに刻まれているかを認識するために考察してみると、その考えは「神にかたどり似せた」（創世記1・26）私たち人間の創造にたどり着きます。前章では神の子としての私たちの資質について述べてきましたが、それは、ただ与えられた身分でも状態でもなく、神の無限の愛を示す私たちへの生命の計画であり、それ故に、神にかたどり似せた者として私たちを創造なさったのです（参照 天国における信仰31）。子であることに関しては、私たちはキリストと共に相続人であり、聖霊によって導かれています。それは聖霊だけが私たちの親子関係を証しすることができるからです（参照 天国における信仰31）。

人間の無限の価値

観念的な神学原理から離れ、私たちは人生で極めて大切な基本要素を前にしています。よく考えてみると一生のうちで私たちを襲ってくる危機や落ち込みは、自分自身を評価することが出来ないことによって起きるのです。対人関係について考えると、他者を人間として見ず、対象物として、あるいは統計上の一項目として見做すようになった瞬間に、不公平や社会的落差が助長されて感じられるようになります。言い換えれば、一人ひとり各個人が持っている無限の価値を見つけることができない、ということです。私たちの人生の二つの関連性のある方向は本質的に一つに結ばれています。人間を定義するこの真実の体験的発見を見て行きましょう。これは、病や相違を防ぎ回復するヒューマニズムの原点となるものです。

エリザベットが19歳になったばかりの頃、彼女の住んでいた町で宣教の会が開催され、そこに出席しました。そこで「神の似姿に造られた」魂の偉大さと美しさについて話されるのを聞きました（霊的日記21）。このころ彼女が自身で言っていたように「魂を救いたい」という願望に燃えていたことは何の不思議もありません。言い換えれば、自らのうちに神のみ姿を発見することによって、他者の命をより大切に思うということです。その愛は、人間が神の似姿であるという秘義を理解すればするほど大きくなっていくでしょう。ロイスブルークの言葉を借りて、エリザベットは次のように書いています。「『天地創造』以前に聖三位一体は、私たちについてみ旨に抱いておられた永遠の似姿に基づいて私たちを創造なさいました。天地創造以前とは、聖ヨハネの『初めに言があった』に倣い、ボスエがいっている『はじめのないはじめ』を指しています。更に以下のように付け加えられるでしょう。初めには何も存在していませんでしたが、神はその永遠の孤独の中で私たちの創造をすでに考えておられました、と」（信仰における天国22）。エリザベットは、永遠は人間の源の一部を成していると確信していました。このことは、彼女の無限へ向かう力と、永遠の命への召命となったことが理解できます。

私たちを定義づけるこの資質は、父子関係と同様に、私たちの生涯に渡って発展させることも出来るし、またそう思わない人もいるのが現実です。これは神が私たちの手に委ねている裁量です。エリザベットにとってのこの「持って生まれた能力」は、私たちは神の恵みに心を開き、神の愛に自分を委ねて、神が私たちに働きかけてくださることを受け入れることで実現します。「……神は私たちが恵みを受けるにふさわしいと思われると、そのみ旨は、神に似せた者になる賜物を私たちに授けようとされました。そこで神は賜物を私たちに下さるに当たり、ご自身を与え、そのみ姿を私たちに刻み、私たちを包み込み、解放して下さるのです」（信仰における天国24）。

かたどり似せる

その上、エリザベットにとっては、〝神にかたどり似せられた〟というこの真実は、人の全存在に影響する気づきを意味します。似姿が創造のときから人間が持っている賜物だとすると、ある意味では、その本質が停滞する恐れがあります。

例えてみると、歩く能力についても同じことが言えます。運動をしないと、ある時点で私たちの筋肉は萎縮してしまいます。しかしながら、長期にわたるリハビリをすることによって再び歩けるように、常に可能性は存在します。

例えば、私たちの存在そのものに刻まれた神のみ姿は、私たちの全機能に影響します。十字架の聖ヨハネに言葉を借りて、エリザベットは次のように言っています。「『実際、魂に刻まれた神のみ姿は、知性、記憶、意志によって成り立っていますが、これらが神の完全なみ姿を機能させないかぎり、もはや創造の時のように神に似たものとはなりえません』。魂の原型は、神です。ですから、魂には封蠟印や自分のものであるしるしの押印のように神の刻印が押されているはずです。そしてこのことが完全に実現されるのは、神を知ることによって知性が完全に照らしだされ、意志が至上の善である愛に結ばれ、記憶が観想と永遠の幸せの喜びに完全に没頭した時です。幸いなる人々の栄光が、その状態を完全に所有する以外の何ものでもないように、この地上での完成はすでに始まっているそれらの善を自分のものにしていくということは明らかです」（信仰における天国25）。信仰、希望、愛徳において神学的生き方に沿って生きていくことによって神の存在に近づく姿です。

人間の生来の召命――神との一致

ここまでで、エリザベットが学説をたてることに興味がないことが明瞭となったでしょう。彼女の目指すものはもっと奥深いところにあります。神の似姿であるという私たちの資質を強調するとすれば、人間本来の目的は神との一致であるということを示そうとしたのです。ここに充満、完徳、幸せが根付いているのです。その姿は模範としての存在となり、それは取りも直さず反映であり具象化です。大好きな人の写真は私たちがその人を思い出し、目の前にいるかのように感じる助けとなります。しかしながら、その感情や思い出は、その大好きな人に実際に再会した時に初めて本当の喜びとなります。エリザベットは再びロイスブルークを引用して次のように言っています。「私たちの造られた本質は、その起源に結ばれるように求められています。御父の輝きであるみ言葉は、すべての被造物が創造された時に神が構想された永遠の原型なのです。ですから、神は、自分自身から解放された私たちが、原型にむかって腕を伸ばし、そして抱きながら、全てを超えて神に向かっていくことを望まれているのです」（信仰における天国23）。

この原理に結びついた、深い人間学にはもう一つの特徴があります。この若きカルメル会のエリザベットの思いが、哲学者であり同じくカルメル会修道女でもあったエディット・シュタインがその何年か後に考察したことと完全に一致していたことを確認するのは興味深いことです。この両女性にとって、人生の最大目標は、神が私たちに望まれること、すなわち原型にそって生きること、「似姿」が人間の特徴的しるしであることに基づいていることとです。言いかたをかえると、神が私たちを創造なさった計画を、私たちのうちに実現することとです。ここから二人は、聖性とは、神の姿が私たちの中に生きたかたちとなることと論じています。エリザベットは次のように表現しています。「『私は聖なる者であるから、あなたたちも聖なるものとなりなさい』ということは、天地創造の時の、神のみ旨である『我々にかたどり、我々に似せて、人を造ろう』（創世記1・26）と同じものに私には思えます。被造物と一体となり、結びつくことが創造主の常なる望みなのです。聖ペトロは、『神の本性にあずからせていただくためです』（二ペトロ1・4）と言っています。又、聖パウロは神が私たちに与えてくださった『最初の確信』（ヘブライ3・14）を持ち続けるようにと私たちに勧めます。そして愛の使徒も『わたしたちは、今既に神の子ですが、自分がどのようになるかは、まだ示されていません。しかし、御子が現れるとき、御子に似た者となるということを知っています。なぜなら、そのとき御子をありのままに見るからです。御子にこの望みをかけている人は皆、御子が清いように、自分を清めます』（一ヨハネ3・2－3）と言っています。神が聖であるように聖となること、それは神から愛されている子としてふさわしい者に思えます。師は次のように言いませんでしたか？『あなたがたの天の父が完全であられるように、あなたがたも完全な者となりなさい』（マタイ5・48）」（最後の黙想22）。

「神の恵みの充満にあらかじめ定められた者たち」

これまで述べてきたことは、新たな基本となる概念を理解する上で参考となります。これはエリザベットが度々引用している〝あらかじめの定め〟についてです。往々にしてこの用語は間違った解釈をされます。エリザベットにとっては、〝あらかじめの定め〟という言葉は、「決定」という言葉と同義語ではありません。つまり、私たちは、あらかじめ救われている、或いは罰を受けているということではないのです。〝あらかじめの定め〟とは魂の充足に達する可能性を私たちに保証するしるしのようなものと理解できます。私たちは神の似姿であるゆえに、神の子であり聖なる者です。これが天地創造からの人間すべての本質なのです。私たち一人ひとりに願っておられる神の望みであり、この事に私たちをあらかじめ定めておられるのです。これに関して疑問が残らないように、エリザベットは聖パウロの手紙を引用して次のように言っています。「『神はまえもって知っておられた者たちを、御子の姿に似たものにしようとあらかじめ定められました』（ローマ8・24）。偉大な聖パウロの考えが私は大好きです！　私の魂を静めてくれます。神はこの上ない愛によって（エフェソ2・4）私を定め、召し出し、義として（ローマ8・30）下さったのだと思います」（手紙304、1906年8月2日、ヴァレー神父宛）。

他にもこれらの全ての概念を生き生きと繰り返し述べているエリザベットの文書があります。キリスト者の秘跡や恵みの生活で非常に身近に出会うものです。私たちが既にくりかえし受けていることの気づきへの招きのようなものなのですが、私たちは見ようと目を開いていないので、気が付かないだけなのです。「……私たちの永遠のあらかじめの定めを眺めるとき、目に見える現実は何と取るに足らないのでしょう！　聖パウロに耳を傾けてください。『神は前もって知っておられた者たちを、御子の姿に似たものにしようとあらかじめ定められました』（ローマ8・29）。それがすべてではなく、あなたが『前もって知っておられた者たち』の一人であることが分かるでしょう。『神はあらかじめ定められた者たちを召し出した』（ローマ8・30）。つまるところ洗礼はあなたを養子とし、聖三位一体のしるしをつけました。『そして召し出した者たちを義とした』（ローマ8・30）。

幾度あなたは赦しの秘跡によって又、気が付かないうちに神があなたの魂に触れられて、あなたは義とされたことでしょうか！　『義とされた者たちに栄光をお与えになったのです』（ローマ8・30）。これこそあなたを永遠に待っているものです！　ですが、私たちの栄光のレベルは、死の際に神が下される私たちの恵みのレベルに応じたものであるということを忘れないでください。神があなたのうちに前もってお定めになった業が完成できるように準備して下さい。そのために再度聖パウロに熱心に耳を傾けてください。そうすればきっとあなたが歩む道が示されるでしょう……」（召命の偉大さ9）。

キリストに似た者となる

御父が人間のためになされた、キリストにおけるご計画は、具体的で現実的な形をとられました。それ故、イエスのみ姿は、私たちの人生の歩むべき指標となりました。エリザベットが書いた一通の手紙のなかで、彼女は人生の計画を次のように書いています。「私は示されたことばどおりに致します。キリストの似姿となり、敬愛する師、愛のために十字架につけられた師と一体となります。そうすれば御父の家の聖なる中庭で歌う時まで、グロリアとサンクトゥスを歌う日課を果たすことができるでしょう」（手紙307、１９０６年8月15日、イエス・マリアのアニエス姉妹宛）。

私たちはキリストにおいて真の尊厳を回復します。というのもキリストは人間性と神性をもっておられ、キリストにおいて私たちの神聖な父子関係を回復します。「聖パウロの言いたかったことは、『古い人をそのおこないと共に脱ぎ捨て、造り主の姿に倣う新しい人を身に着け、日々新たにされなさい』（コロサイ3・9－10）なのです。この姿とは神そのものです。天地創造の時に神が、きっぱりと表明なさった『我々にかたどり、我々に似せて、人を造ろう』（創世記1・26）を覚えていますか？」（召命の偉大さ3）。

読んだり書いたりするにはまだ幼かった姪たちに宛てたある手紙に、エリザベットはキリスト者の生活にとって基本であると感じたことを次のように要約しています。「ママの腕に抱かれているあなたたちを見た人は、きっとあなたたちをとても小さい子供だと思うでしょうが、叔母ちゃまは信仰の光で見るので、あなたたちに無限の大きさを見ます。なぜなら神さまは完全なる永遠から『神のお考えの中にあなたたちを考え、神の子であるイエスのみ姿に似せてお造りになり、洗礼によってキリストを纏い、キリストの娘そして神の神殿となさったのです』」（手紙240、1905年8月15日、姪のエリザベットとオデット・シュヴィニャール宛）

6. 人間は「神の家」

歴史を通して神を探し求めた数多の男女がいます。自分の人生を根底から変えた体験によって神に出会えた人たちの多くは、とりわけ、自分たちの置かれていた社会の状況に飽き足らないと感じていた人々です。例えば、最初は（ユダヤ教の）正統信仰の擁護者であったが、神に出会ってからキリスト教布教に画期的に貢献したパウロ、真理の探求者であり、多くの「過ち」にも拘らず、最終的には自身の内に神と出会えることを固く信じつづけた聖アウグスチヌス、キリストに出会い、裕福な生活を捨てることも厭わなかった聖フランシスコ、修道院での安易な生活にあきたらず、主にいかに忠実であり続けるか模索することをやめなかったアビラの聖テレジア等が挙げられます。現代の人物では、カルカッタのマザー・テレサ、シャルル・ド・フーコー、又ユダヤ人で無神論者であり、哲学者で真理の探究者であったエディット・シュタイン等がいます。それぞれが直面していた当時の文化、社会、宗教に納得できずにいたので、神の真理に心を開くことができたのです。彼らは、その真理を外の世界に求め続けたにも拘わらず、自分自身の内面に見つけたのです。つまるところ、「真理は人間の内面にしか存在しない」のです。

神の家

同じことが三位一体のエリザベットにも起こりました。とはいえ、彼女の場合は、この宝を若くして見出す幸運に恵まれていました。彼女は初聖体の時に、自分が「神の家」であることを自覚して以来、それが大きな転機となり、その人生は今までとは異なった方向へと向かっていきました。この時から外の世界を探す必要もなく、自らの内に見出すことができることを知っていました。

私たちの中には、本当に献身的で、自分の信仰に確信を持ち、信仰に生き、絶えず実践している人が多くいます。にも拘らず、彼らは立ち止まって自らを省みる時に、自分にはまだ何かが足りないと思うのですが、それが何だか分からないのです。司牧や霊的同伴の活動をしている人たちの中に、このような人たちを見かけます。彼らには積み上げてきた経験があるのですから、大体の場合は、真理を覆っているベールを剥ぎ取るだけで十分に気づきに至ると思えます。この人たちは神の家であり、聖霊の神殿であるのです。具体的な話をしますと、あらゆる面で模範的でしたが、満足できず悩んでいたある婦人を思い出します。この人には、この世で最も幸せであると感じられるように内面の目を開くようにと一言勧めただけで十分でした。彼女は外面的には今までと同じことをしていましたが、その時から行うこと全てが、又生きることそのものの意義が異なってきたと、2、3年後に告白していました。彼女は今では、あらゆること、その時々の真価を判断することができます。信仰の義務感から何かを行うという重圧を感じなくなり、単純に日課の一部となりましたが、それは心からの働きであるために彼女を幸せにしました。息子と夫の死さえも、この平和を奪い去ることはありませんでした。自身の内面で生涯の神と出会ったからです。神に於いては、死も無意味なことも存在しないのです。神は永遠であり、あらゆるものの意義を成しています。そして、この手の届かない存在である神が、彼女の友となり、主《あるじ》、生涯の同伴者となったのです。

ところでこの真理を見つけるには、高邁な知的、神学的思索を重ねる必要はありません。ただ福音にのべられているイエスの言葉を真剣に受け止めるだけで良いのです。私たちに神の国について話される時に、イエスは一人ひとりのうちに神の国があると繰り返しておられます。ファリサイ派の人びとが「神の国は何時来るのか」と尋ねたので、イエスは答えて次のように言われました。「神の国は、見える形ではこない。『ここにある』『あそこにある』と言えるものでもない。実に神の国はあなたがたの間にあるのだ」（ルカ17・21）。神の国とは場所ではなく、人々の出会いを言っているのです。私たちすべてが何らかのかたちで体験したことのある事実なのです。私たちがある具体的な場所を他よりも気に入り、そこにいつか住むことを目標とすることがあります。ある時はその景色の美しさ、又ある時は気候に魅かれてそう思うのでしょうが、多分に一緒にいて心地よいと思わせてくれる人々がそこにいたからでしょう。それがまさに、私たちが出掛けて行く必要なくして、神が私たちに提供してくださるものなのです。私たち自身の家であり、私たちの内面なのです。福音史家聖ヨハネはイエスが話されたことを次のように書いています。「永遠の命とは、唯一のまことの神であられるあなたと、あなたのお遣わしになったイエス・キリストを知ることです」（ヨハネ17・3）。

最後の晩餐で別れの告知をなさったイエスは次のように言われました。「かの日には、わたしが父の内におり、あなたがたがわたしの内におり、わたしもあなたがたの内にいることが、あなたがたに分かる」（ヨハネ14・20）。神の国の神秘は私たちのうちに在ります。それを気づきたいのなら必然的に自分の内面に住み、発見し、内面化しなければなりません。エリザベットなら次のように言うでしょう。「そうです、愛である神が、この世で、あなたの不変の住処、修室、禁域であるように！　神があなたの魂の最深奥、言うなれば崇拝に至るまで絶え間なく神を愛する聖所のようなところですが、そこに住んでおられることを思い出してください。神はそこであなたを恵みで包み込むために、また神の内に変容するためにおられます。心が弱くなった時には、神の胸に飛び込みなさい。神は力ある方で、詩編（43・3）でうたわれているように、右のみ手で勝利を与えられたのです。神はあなたを神の蔭にかばって下さいます（詩編91・4）。神の愛に全信頼をおいてください」（手紙261、1906年1月4日、アントワネット夫人宛）。

人――最も美しい神殿

ヘブライ人への手紙の著者が祭司の言葉を使って、私たちに気づかせようとしているのは、真の祭司であるキリストが十字架上でご自身を捧げられて、大祭司だけが入ることのできる聖所にお入りになったことに真の救いがある、ということです。これによってキリストが生贄や、伝統的儀式への観点を変えられたこと、そして有形の神殿は「破壊」され、人それぞれの内面に留まる霊的な神殿に変えられたことを、私たちに知らせようとしています。そこに、「神のみ旨に適った」真の礼拝が実現します。イエスがサマリアの女に告げられたように「しかし、まことの礼拝をする者たちが、霊と真理をもって父を礼拝する時が来る。今がその時である。なぜなら父はこのように礼拝するものを求めておられるからだ」（ヨハネ4・23)。私たちは皆、神に出会える自分たちの内にあるこの霊的神殿に入るよう招かれています。これは決して外の人の入ることのできない秘密の場所です。そこは私たちの渇きを癒やすことが出来、そして私たちが充分に満たされる泉のある逃れ場です。そこは本当に自分の家と感じる場所であり、自分の本来の存在に出会う場所です。

エリザベットはこのことについて体験豊かな証人です。それが彼女の道を支えているのは真実です。彼女の著書には、次々と体験した告白が見られます。そのひとつが1903年のクリスマスに書かれた次の詩で、私たちは「偉大な神秘を知る人がいる」と題しました。ここに一部を再現しましょう。

主はわたしのうちにおられ、わたしは主の聖所
これは「平和のビジョン」ではありませんか?
沈黙と神秘の深みの中に
主に捕われた私がいつもおります

私の信仰を平安に保てるように、
そして主の賛美者が、すべてにおいて
ただ主を糧とし、主によって生きるよう
常に注意深い魂でいますように。

あらゆる時代の神秘家にとって、これは人生の大きな発見でした。それによって自分の深みに潜心しつづけることにいざなわれたのです。これが彼らの本質的な祈りでした。弱さやみじめさに苦しまなければならなくても、歩みの終点は三位一体の神との出会いですからそこが空虚ではないと知っていました。エリザベットはこの幸せを人々と分かち合えるのが喜びでした。次の彼女の手紙の言葉は、一人ひとりが、自分に向けられているものとして受け取ることが出来ます。『神は私のうちに、そして私は神のうちに』これが私たちのモットーでありますように。神が、私たちのうちに、この私たちの魂の奥の聖所におられるとはなんと素晴らしいことでしょう！ そこで私たちはいつも主にお会いします。たとえ、主の現存が感覚でとらえられないと思う時でも、それでも主はそこにおられるのです。主が言われるように、おそらくもっと近くに。主をそこに探し求めるのが好きです。決して主を独りにはしないように心を配り、私たちの一生が絶え間ない祈りでありますように。だれがそれを奪い取ることが出来ましょう？ 私たちを完全に神のものとされた、あのお方から私たちを誰が離すことなど出来ましょう？ 主は何と善であられることか！ そうです、主を愛しましょう。私たちの母イエスの聖テレジアが言うように、心から私たちの『愛する人』と主に呼びかけることが出来ますように」（手紙47、1901年4月18日、妹マルグリット宛）。

沈黙と孤独

ここでは、更に沈黙と孤独についての意義を考察していきます。この2つは私たちにとって時として非常に難しいものです。ですが、エリザベットと同様に、私たちは孤独と沈黙は、孤立、見放される、無視されるの同義語ではないと受け留めたときに初めて、それが人生において探し求め、望んできた不可欠の価値になりえるものなのです。というのもこの孤独と沈黙においてこそ、自分自身とそして愛である神と出会うのです。これを背景としてみると、マタイによる福音書で、イエスが私たちに教えて下さった祈りへの招きがはっきりと分かってきます。「だから、あなたが祈るときは、奥まった自分の部屋に入って戸を閉め、隠れたところにおられるあなたの父に祈りなさい。そうすれば、隠れたことをみておられるあなたの父が報いてくださる」（マタイ6・5－6）。三位一体の聖エリザベットは、この真理を確信したがゆえに、自分の部屋の孤独は真の天国となりました。次のように妹に書いています。「ギット、私の修室に居ることは何と心地よいのでしょう！　この部屋に入り、私の全てである花婿と全く二人きりになる時、私がどんなに幸せに感じるか言葉では言い表せないのがあなたに分かってもらえるでしょうか？　ここで長い時間を過ごします。窓の前に十字架と一緒に座り、私の魂がイエスさまと共にいる間、一生懸命縫物をします」（手紙95、1901年9月10日、妹マルグリット宛）。エリザベットは他の手紙では更に力を込めて書き綴っています。「掃除をしなくても良い時は、修室で仕事をします。藁布団、椅子、一枚の板を渡した机がありますが、これがわたしの家具一切です。けれども、私の部屋は神さままで満たされていて、花婿と二人でとても良い時間を過ごします。私にとって修室は、何か神聖な場所であり、親密な聖所であり、イエスさまとこの貧しい花嫁だけの場所なのです。私たち「二人」はここでくつろいでいます。私は黙し、イエスさまに耳を傾けます……イエス様がお話しになるすべてを聴くのは、本当に素晴らしいことです。その上、憧れであったこの大好きな毛織の修道服を着て、針を取って縫いものをしながら、イエスさまを愛し続けるのです」(手紙168、1903年6月28日、アングル夫人宛)。

エリザベットは、この場所が隔離され、孤独で、静寂が覆っているところではないことを充分知っています。最も大事なことは、この空間を自らの内面に造り上げることです。このようにして初めて、どんなに外的環境が変わろうとも私たちは、神との出会いの場所が手の届くところにあると確信が持てるのです。エリザベットは次のように私たちに勧めています。「私のように、あなたも自分の魂の中に一人でいられる部屋を造らなければなりません。神さまがそこにおられ、その部屋に時々入ってこられると考えてください。あなたがいらいらしたり、不幸せと感じたりした時は、すぐにその中に駆け込み、全てを師にお話しなさい。

少しでもこのことが分かれば、決して祈りはあなたを退屈させないでしょう。私には、安らぎであり、慰めです。ただ素直に、愛しているお方のところに行き、母親の腕に抱かれた子供のように傍にいて、心が話す儘にしましょう。あなたはわたしの傍に座り、秘密を打ち明けるのが大好きでしたね。同じように神さまのところに行けば良いのです。どんなに良く私たちの話を聞いてくださることかわかってくださるといいのに……この事が理解できたら、もう悩むことは無いでしょう」（手紙123、1902年6月19日、フランスワーズ・スルドン宛）。

「わたしのうちにとどまりなさい」

「わたしのうちにとどまりなさい」との私たちへの招きに対し、その応えかたは、洗練されたものでも系統だったものでも無く、習慣性を帯びることでもありません。ただ愛によるものであり、手引書など必要ありません。神は人との関係を探しておられるのですから、各々がそのままの現状から歩き始めるべきことであり、付け加えることは何もないのです。

基本的にこのことはイエスが唯一私たちに望んでおられることです。イエスの陰で、イエスの強さに伴われてこそ、私たちが幸せとその実現の目標にたどり着くことをイエスは知っておられるのですから。エリザベットは私たちに次のように主張します「私たちの魂の奥深くに自分だけの場を造り、そこにイエス様と一緒にとどまり、決して離れないようにしましょう。イエスさまは、『わたしにつながっていなさい。わたしもあなたがたにつながっている』（ヨハネ15・4）と仰せになりました。この心の内なる部屋を誰も私たちから奪うことはできないでしょう。このことを考えれば、私たちが通らなければならない試練はなんでもないことです。なぜなら私の唯一の宝は『わたしの中』に持っているのですから。それ以外のものは無意味なのです」（手紙160、1903年4月27日、ドゥ・ボデ夫人宛）。

心の中に空間を造り、その中に潜心します。それも、神と出会うためのはっきりした目的を持ってです。虚空を造るのでも現実逃避のためでもありません。その道は単純ですが、困難を伴います。表面的なものに流されて生きている自らと戦い、ある時は信仰によってのみ照らされるままに、暗闇を歩むことに慣れなければなりません。それは全て意味があることです。エリザベットは病が重くなり、修道院の病室に移ったときに次のように書いています。「病人用の小聖堂で始めた対話を続けるために私の大好きな自分の部屋に戻れたら、神の喜びで満たされるでしょう。主と共に二人で居ることが大好きで、本当に心地よい素朴な隠遁者のような生活が過ごせます。あなたは、その生活が無制限なものではないと知っているでしょう。私も度々お隠れになる師を探さなければなりません。ですが、そのような時にこそ私の信仰をかきたて、師の現存を実感できなくても、師に私の愛を喜んでいただけることが嬉しいのです」（手紙298、１９０６年7月16日、妹マルグリット宛）。

トーマス・キーティング神父もエリザベットの生き方に同調して次のように言明しています。「観想的祈りは、現状という時点の人間の本性に向けられていま す。人生の傷を癒し、そして福音が招いているキリストにおける変容をこの世で体験させてくれます。神は、私たちの地上での生活の中で自らのものにする神の存在を私たちと最大限に分け合いたいと望んでおられます。福音書の呼びかけ『私に従いなさい』は受洗した全ての人に宛てています。洗礼によって私たちの内に、神のみもとにたどり着くまでキリストに従うことのできる、聖なる恵みを持っています。この事を試みると、私たちの内で深くキリストの愛に結びつき、そしてこの愛を充分に世の人びとに示せるように切望することが霊的道への魂を構築するものです」。

私たちが内面に降下し、神が私たちの内に住まわれていることを学ぶのに、詩編139を黙想することは良い助けとなるでしょう。ここでは詩編作者は、神が全てを知っておられ、被造物を造られ、形づくられたことを悟るのです。詩編作者の本性の秘密は神に由来しているのです。ですから、創造主のみが、詩編作者が何者であるかを真に啓示することができます。神は常に彼と共に在り、伴い、彼から遠ざかることはありません。そして、神は決してわたしたちを見捨てることはないのです。

主よ、あなたはわたしを究め
わたしを知っておられる。
座るのも立つのも知り
遠くからわたしの計らいを悟っておられる。
歩くのも伏すのも見分け
わたしの道にことごとく通じておられる。

わたしの舌がまだひと言も語らぬさきに
主よ、あなたはすべてを知っておられる。
前からも後ろからもわたしを囲み
御手をわたしの上に置いていてくださる。
その驚くべき知識はわたしを超え
あまりにも高くて到達できない。

どこにいけば
　あなたの霊から離れることができよう。
どこに逃れれば、御顔を避けることができよう。
天に登ろうとも、あなたはそこにいまし
陰府に身を横たえようとも
　見よ、あなたはそこにいます。

曙の翼を駆って海のかなたに行き着こうとも
あなたはそこにもいまし
御手を持ってわたしを導き
右の御手をもってわたしをとらえてくださる。

わたしは言う。
「闇の中でも主はわたしを見ておられる。
夜も光がわたしを照らし出す。」

闇もあなたに比べれば闇とは言えない。
夜も昼も共に光を放ち
闇も、光も、変わるところがない。

あなたは、わたしの内臓を造り、
母の胎内にわたしを組み立ててくださった。
わたしはあなたに感謝をささげる。
わたしは恐ろしい力によって
　驚くべきものに造り上げられている。
御業がどんなに驚くべきものか
　わたしの魂はよく知っている。
あなたにはわたしの骨も隠されてはいない。
秘められたところでわたしは造られ
深い地の底で織りなされた。

胎児であったわたしをあなたの目は見ておられた。
わたしの日々はあなたの書にすべてしるされている
まだその一日も造られないうちから。

あなたの御計らいは
　わたしにとっていかに貴いことか。
神よ、いかにそれは数多いことか。
数えようとしても、砂の粒より多く
その果てを極めたと思っても
　わたしはなお、あなたの中にいる。

神よ、わたしを究め
わたしの心を知ってください。
御覧ください
　わたしの内に迷いの道があるかどうかを。

どうか、わたしを
とこしえの道に導いてください。

7. 地上の天国

「神のおられるところには天国があります」。表面的にはとてもシンプルで理にかなったこの言葉は、根本的に人生を変える力となり得ます。エリザベットの生き様は、この事実に関して雄弁に物語っています。〝神が自らの内におられる〟ことを悟ったことだけが、彼女の霊性を常に呼び覚ましていた唯一のことではありません。彼女の霊的道のりにおいて根本となるその真理が、この事実に付随したその他多くの真理の理解への道へと開かれていったのです。「神がわたしの内におられるなら、天国もわたしの内に在る」ことになります。彼女は次のような手紙を書いています。「私は地上に天国を見出したと思います。何故なら天国とは神ご自身であり、神はわたしの生命ですから。それで、この事を悟った時から、私の内面すべてが照らされました。全てを超えて神と親しくなり、『父よ、彼らが完全に一つになるように』（ヨハネ17・23）というキリストの祈りが実現されるように、この秘密を大好きな人々にそーっと知らせたいと思います」(手紙122、1902年6月15日、スルドン夫人宛)。

自分の内に天国があることを悟ったことによって、彼女が人生の全てに意義を見出していった秘密がここにあります。エリザベットが体験し、この手紙で私たちに伝えているように、この真理は彼女を神において生き、あらゆることを評価出来るようにさせました。全ての事、特に最も小さく取るに足りない事まで、そこから意義や価値が見出されるのです。エリザベットにとって「天国」という言葉は、神の栄光にある生命の状態を意味します。確かにその天国の至福は、私たちが地上の生涯を終えた後に初めて到達できるものです。しかしこれは、多くの神秘家も言っているように、この地上で天国或いは未来の楽園を生きることが不可能だということを意味するものではありません。

神の協力者

キリスト者は全ての人々と同じく、この地上で、諸々の問題、病、危機、災難、死、等々の限界に曝されています。この意味から言えば、キリストの到来によっても、人類の生活においては何ら変化をきたすこともなく、私たちはこの世で巡礼者であり続けています。もし、奇跡が存在し、そして私たちの気づかないうちにも次々とその奇跡が起こっているとしても、神の通常のなさり方はそのようなものではありません。歴史を通してみても分かるように、干渉なさることを好まず、ましてや歴史の自然の方向を絶えず変えようともされません。天地創造の起源から神は歴史に於ける私たちの存在を、創造の続きとして計画なさっていました。神は私たちの関与を必要とし、創造とこの世の救いにおいて私たちが責任を持つようにと望んでおられます。それは関わりあわない事ではなく、私たちを自由の存在として創造なさったほどに神の愛は無限であるからです。何故なら自由があって初めて、神の愛に正しく応える可能性が生れるからです。神はご自身が創造されたものから愛されることを望んでおられますが、愛は強制されるようなものではなく、心から与えられ、恵みとなるものなのです。そこで、私たちは何故このように多くの恵みを与えられたかという最も大きな秘義の一つに向き合います。私たちの疑問は解けませんが、どんなに私たちが理解しようと試みたところで、決してその無限の大きさを把握することも、到達することも、理解することもできないほどに、その愛は大きいということだけは確信できます。この最も大きな愛は、誰にでも与えられ、そしてそれは拒否することも出来るのです。

神は創造のご計画において、直接的協力者として人間を念頭におかれましたが、御子の受肉、死、復活の秘義における救いの計画として、この計画を更新なさったことは、神が人類の歴史に関与しないということではありません。それは全く反対のことです。人が失敗や破滅に運命づけられているのではないと分かるように、私たちに恩寵、現存、聖霊の賜物を下さいました。ナチ強制収容所に於ける無数の犠牲者の一人であったエティ・ヒレスムは、その過酷な状況下、神が犠牲者の中で苦悩の内に人間の助け、すなわち神が私たちを必要としていると強く求めていたことを直感しています。ドイツ・ミュンスター市のある教会には第二次世界大戦の爆撃で壊された十字架がありますが、その脇に「私にはあなたたちの腕しかないのです」と記された添え書きを読むことができます。これは、神が実際に人間になられたのは誰のためであったのかを、私たちに考えさせずにはおかない言葉です。

イエス・キリストにおける神は、人類史に関与し続けていますが、それはおもに私たちを通してです。このことを前進させるために、キリストはご自身の現存、恩恵、主との交わりの確実さを約束して下さいました。「わたしは世の終わりまで、いつもあなたがたと共にいる」と（マタイ28・20）。私たちが行い、生きていく過程において、私たちを決して一人にせず、見守ってくださるだけではなく、いついかなる時も、このみ言葉を確信していることができます。私たちは既に神の国そして天上ではなく私たち自身の中で展開する天国の相続人です。この事が私たちの生き方を変えることにならないとしたら、それはその真価がまだわかっていないからです。

愛である神の現存を生きる

「信じる」だけでは十分ではない事は確かです。受け入れ、自らの肉と血に変える必要があります。その道は既にエリザベットが示してくれたように私たちの内面の目を開き、主の現存を沈黙の内に感じ取ることです。私たちがもしこれを実行するなら、その他の事は神のみ手が良いように取り計らって下さるでしょう。もう書く力も残っていなかった時に一人の友人に宛てた手紙に次のようなことが読み取れます。「大好きなアントワネット、私たちの内におられる愛そのものである神、その神のみ前でわたしの信仰をあなたに遺言として残します。あなたに秘密を打ち明けます。「内におられる」主との親密さが、先んじて与えられた天国となって、私の一生を照らしてくれた太陽でした。今この苦しみの中で私を支えてくれているのは、まさにこの事なのです。私は自分の弱さを恐れません。この弱さが私に神への信頼を与えてくれるのです。強い主は私の内に宿っておられ、その力は全能ですから（参照二コリント12・9）。そして、使徒も言っていますが、私たちが求めることをはるかに超えてその御力は働かれるのです（参照

エフェソ3・20）」（手紙333、1906年10月末　アントワネット・ドゥ・ボベ夫人宛）

この先んじて与えられた天国はあらゆる意義と価値を包み込んでいます。このことがどのように実際に起こり得るのか説明しようとするなら、愛に囲まれている時に人は幸せに感じるというようなことでしょうか。敢えてそのことを試みようとする人だけが、体得した時の悦びに浸れるのです。たった今現在、真に大切なことは、私もこの地上で天国を生きることができると認識することです。私の内に宿っている何かであり、同時に包み込むものです。神がおられるところに天国があるのですから。ですから聖パウロはすでに教会、人類をキリストの秘義の御体として見ました。全ての人で構成されている共同体において、一人一人が使命、或いは役割を担っています。この集まりの構成要員であると感じる人は地上での天国を生きることができるのです。なぜかと言えば、聖霊の活力を受け入れているからなのです。

全人類との交わりの中で

三位一体のエリザベットにとっては、この先んじて与えられる天国は、その上、生者だけでなく死者をも含めた人類との交わりの広がりのうちに、今から生きることを想定しています。祈りの無限の空間の中で、彼女は物理的、時間的な隔たりを乗り越えることを心がけていました。跣足カルメル会の伝統的生活は、全ての愛する人々と空間的に別離の形を取ることになっています。更に、訪問時間も限られ、面会室は訪問者との間に二重の格子によってあからさまに遮られていました。彼女を修道院に訪ねる可能性さえなかった人たちは一体どうしていたのでしょう。それにも拘らず、エリザベットは厳格な修道生活の物理的垣根を乗り越える方法に出会いました。このことについて、彼女は手紙の中でたびたび次のような表現を使っています。「あなたたちの会話に、度々私の名前が出てくるそうですね。私に関していえば、親密で真心のこもった神聖な花婿との対話のなかで、しばしばあなたたちのことを話しているのですよ。何故か分かりますか？カルメル会では、天国と同じように距離というものは存在せず、魂と魂の触れあいなのです。このふれ合いは、師の大きな望みだったのです。最後の晩餐で『この上なく愛しぬかれた』（ヨハネ13・1）溢れんばかりの愛で、心から祈られたのを覚えていますか？『全ての人を一つにして下さい』と（ヨハネ17・21）。この祈りをイエス様とお祈りするのがこの上なく好きです！この祈りを唱えるとき、私たちは本当に近くにいるように感じられます」（手紙175、1903年8月24日、マリー・ルイズ・アンブリー宛）

神の観点から見たこの現実を考えると、エリザベットは彼女の家族や仲間と結ばれ、彼女を必要としているところに現れることさえ可能だったのかもしれません。これは現実を理想化した現象を言っているのですが。しかしながら確かなことは、神の現存との出会いがあって以降、自らの人生を悟りのもとに生きた人々の中に、この同じ現象を体験している多くの男女がいるということです。例を挙げると、エリザベットと同時代で、ミッションの共同守護聖人であるリジューのテレーズがいます。そして私たちに近いもう一人の人物像をあげると、哲学者エディット・シュタインがいますが、彼女はカルメル会に入会後、救世主キリストの秘義のなかで、あらゆる人類とこの種の交わりを見出しました。彼女の著書『十字架称賛』にインパクトのある次の言明があります。「東や西の戦場から負傷した人々のうめき声が聞こえますか？　あなたは医者でも看護師でもなく、傷口に包帯を巻くことも出来ません。あなたは修室に閉じこもり、彼らのところに行くことも出来ません。瀕死の人びとの苦しみの呼び声がきこえますか？　あなたは司祭となって、その人々の傍で支えたいと思うでしょう。あなたは未亡人や孤児の嘆きに心が動かされますか？　あなたは慰めの天使となって、彼らを助けたいでしょう。十字架につけられた主を見なさい。もしキリストと聖なる誓いの内にかけがえのない者として結ばれているなら、キリストの貴い血はあなたの血なのです。キリストと結ばれてあなたは、主と同じように至るところに現存しているのです。あなたは医者、看護師、司祭のようにここやあそこで役立つことはできません。しかしながら十字架の力において、様々な前線や苦悩の存在する所にいることができるのです。どこにでもあなたの哀れみの愛、神のみ心の愛を届けられるでしょう。人々を慰め、聖なるものとし、救うキリストの御血があらゆるところに流れて行くでしょう」。

そしてその交わりには、この地上を既に離れた死者も含まれています。この死者たちとはいっそう深い交わりが可能です。というのも彼らはもう天国にいるからです（参照手紙124、142、143）。ですが、この体験は信仰の観点からのみ可能であって、ここから「死の悲劇」を異なった次元や、更に本質的に受け止めることさえできるのです。なぜなら終わりのない神の永遠の世界が私たちに開かれているからです。多くの男女が信仰の結果として、死は生命の終わりではなく、栄光への通り道であることを信じ、永遠に再会できる希望をもって悲嘆の時や喪を過ごす体験をしています。悲劇的出来事を乗り越えるための慰めでも、或いは何らかの意味を見出す必要から逃避場を探しているのでもありません。ですから、信仰に対してこのような「未完成」な受け取り方をする人は、死の痛みとこれから起こり得ることへの不安のうちに終えてしまうでしょう。

神の愛

神の愛を体験し、その愛に基づいた信仰は、確信を与えるだけではなく、自身の死をも含めて復活の感覚、すなわち歓喜をもって受け止められ、生きる助けとなります。次にあげる証言はより理解し易いでしょう。最近、私を訪ねてきたある婦人が言ったことには、その人の観点からですが、彼女に常に難題を突きつける以外に、何の目的も持っていないようなある人が亡くなりました。その故人の態度は単純に感情的なものでなく、明らかに誰の目から見ても攻撃的でした。しかしながら、彼女はキリストの愛に照らされ、その人を赦しただけではなく、神からも赦されるようにと繰り返し祈りました。そのような中で、突然次の福音的な考えが彼女の頭をよぎりました、「このようにあなたがたは悪い者でありながらも、自分の子供には良い物を与えることを知っている。まして、あなたがたの天の父は……」（マタイ7・11）。この瞬間、彼女は深い平和に満たされ、そして、自身の祈りが神のみ前では、まだ人間的で、不完全な愛のもとに行っていることが分かったのです。彼女が言うには「惨めで不完全な私が、もしその人を赦すことができるのなら、憐れみにおいてかくも偉大な神がお赦しになることを疑うことができるでしょうか？　私の祈りは、その根底に於いては不完全さと自負であふれていました。突き詰めれば、あたかも神以上になろうとしていたのです。神様が私に光を照らしてくださったことに感謝しました」。

この証言は神の愛が如何に抱えきれないほどのものであるかを物語っています。もし、愛において非常に不完全な存在である私たちが赦すことができるなら、私たちの善良な神が赦さないはずがないではありませんか? 私たちの善意の行為は、愛である神の天国の現存を共有し、前もって享受することにはなりませんか?

イエスのテレジアはこれに似たことを感じ、次のように言っています。「もし地上に天国がありうるとすれば、この家は天国です。神をお喜ばせすることだけを自分の喜びとし……」(イエスの聖テレジア、完徳の道13、7)。人は皆、限られた方法であるにせよ、善意を示します。そしてその善意は少なくとも瞬間的にその人を通じて「天国」が透けて見えるような状態の表れです。多分意識はしていなくとも、さらに言えば信仰がなくても、善意の行為は私たち全員が内面に持っている高貴なものの一片なのです。福音史家ヨハネはこのことを次のような言葉で表しています。「愛する者は皆、神から生れ」（一ヨハネ4・7）。

確かに私たちの心の奥に秘めている大きなお恵みを認識すればするほど、生活の中にそれを変容していくのが容易くなるのです。エリザベットにとっては、内面の確信を生活の中に変容させていくのは簡単なことでした。自らの能力を超えた大きなことを行うのではありません。単に日々の小さな出来事に本来の意味を与え、更には真の意味を見つけ、誠実に対応することです。

その行いは常に同じことです。すなわち、対応、対処は心の内から湧き出るようにし、内面の豊かさ、自らの、更には神との出会いの反映であるようにすること。エリザベットが最愛の存在である母親に話しているのを再び聞きましょう。エリザベットは母親が彼女と同じく幸せでいられるように、彼女の最大の宝を分けたい一心でいました。「大好きなママ、全ては何かを行おうとするときの心がけによります。本当に小さいことでも聖化し、人生の最も日常的な出来事も神聖な行為に変えることができるのです。神と一致している魂は、超自然的に行動し、最も平凡な活動でさえも神さまから離してしまうのではなく、神さまにだんだん近づけるのです。ママ、このように生活しましょう。そうすれば師は喜んで下さり、毎日、夕べには、私たちの霊魂の中に拾いあげることのできる一束の実りが見つかるでしょう」(手紙309、1906年9月9日、母宛)。

8. 手の届く幸せ

エリザベットがこれまで私たちに伝えて来たメッセージについて考察すると、結論は単純で明らかに思われます。幸せは私たちの手の届くところにあるということです。外見的には悲劇的で痛ましい生涯を終えたシモーヌ・ヴェイユが次のように述べています。「私は、神が憐れみにみちておられることを信じるには希望や約束の必要はありません。この神の豊かさについては、ほぼ体験によって確信を持っています。直接の触れあいがあればあるほどに理解と感謝がまし、将来のしあわせの約束など何の足しにもならないほどです」。

真の幸せは自分自身にも、他人にも、ましてや物質的な物（富、権力、名声……）にも基盤を置くことは出来ません。それらはすべて単に、消え去るものだからです。私たちの肉体の存在そのものに関しても言えることですが、一時的で脆いものなのです。ヴェイユは、彼女の唯一でそして不動の幸せの根源は神そのものの存在、すなわち愛であり、憐れみであると指摘しています。この根底には、神に魅せられた多くの男女の生活を指導してきたことによる根本的な体験があるのです。この源から環境や不運な状況に脅かされることなく、存分に生きる力を得たのです。

可能な幸せ

エリザベットは「可能な幸せ」の証し人です。それ故に、幸せは可能なものであり、私たちの手の届くところにあるものだということを人々に明かさなければ、と思うのです。夢でも実現不可能なユートピアでもなく、「力、平安、幸せの泉は、神との親しさの内に生きることを受け入れるなら、必ずや見出すことができると全ての人々に伝えたいのです。けれど人々は待つことを知りません。神がその現存を感覚でとらえられるように示さないと、人はその神聖な現存を諦めてしまいます……そして神がその御手に溢れんばかりの恵みを携えてこられたときには、誰もうそこにはいないのです。魂は外を向いてしまっていて、自らの奥深くにはもう宿っていません……」(手紙302、1906年8月2日、母宛)

幸せは思いもよらないほど近くにあります。私たち自身の内に携えているのです。ただ、その幸せを自ら探し求め、心の内から生まれるがままにし、日常の生活に浸透させていかなければなりません。エリザベットが強調するように、外面的感覚で体験しようとするものではなく、私たち自身の内面に在るものだということだけは心得ていなければなりません。

イエスの聖テレジアは彼女の著書『完徳の道』28章でこの真理を広めています。自分自身の生命の根幹から幸せを生きるための助言や手本が一杯織り込まれたこの素晴らしい数頁を書き写してみることはとても有用だと思います。これらの言葉は私たちが歩み始める助けとなります。「あなたがたは、神があらゆる所においでになるのをご存じです。ところで、王のおられる所に宮廷ありというのは明らかなこと。ですから神のおいでになる所が天国です。あなたがたは、いと高きおん者のおいでになる所にはあらゆる光栄があると、一つの疑いもなしにお信じになってよいのです。聖アウグスチヌスが神をいろいろな所に捜したあげく、自分自身のうちに見いだしたと語っておられるのをお考えなさい。気の散りやすい人にとって、この真理を悟り、自分の永遠の父に向かってお話しするにも、そのおそばで楽しむためにも、天にまでのぼる必要はなく、大声で話すこともいらないとわかるのは小さなことだとお思いになりますか、たとえどのように小声でお話ししても、ほんとうにすぐそばにいらっしゃるので、私どもの言うことを聞いてくださるでしょう。またおん父を捜しに行くのに翼の必要もありません。孤独《ひとり》となって、自分のうちに現存なさるかれを見さえすればよいのです。このようにご親切な貴賓《まろうど》によそよそしくしてはいけません。ただへりくだって、父に話すようにお話しし、父にたのむときのようにお願いし、自分のいろいろの試練をうちあけてよい処置をとってくださるようおねがいなさい。でも、自分がそのかたの子供と呼ばれる資格のないものであることを、よく自覚しながら…… 娘たちよ、こんな謙遜はやめてください。父か兄か主君か夫と話すようにそのかたとお話しなさい、あるときはあれ、あるときはこれ、というように。主をお喜ばせするためにあなたがたのなすべきことは、主おんみずからお教えくださるでしょう。あまりお人よしであってはいけません。お約束を守ってくださるようかれにお願いなさい。かれはあなたがたの天配でいらっしゃるのですから、あなたがたを浄配として扱ってくださるようにお願いなさい……こうして、私どもの霊魂というこの小さな天国―その天も地もお造りになったおかたがすんでおられるこの小さな天国―に閉じこもることができ、何も見ず、五官の注意を散らさせるようなところにとどまらない習慣をつける人は、たいへんすぐれた道を歩んでいるのであって、必ず泉の水を飲めるようになれると思います。少しの時間でたくさん歩みますから。かれらは舟で旅する人のようで、少しの順風に恵まれると、わずかの日数で目的地に着いてしまいます。ところが陸を行く人たちは、ずっと手間取るのです」（完徳の道28章　東京女子カルメル会訳）。

このテレジアの文章に説明は不要でしょう。エリザベットが書き残したものの中にもこのことが強調されています。テレジアは一連の模範や助言を私たちにもたらしてくれていますが、これはエリザベットが天国の幸せを前もって生きるために祈っていることと同じものです。概略でその過程を示すと、次のような要素に基づいています。

―私たちの内に神が住まわれているということを確信する、ということは天国も私たちの内に在る。

―それを私たち自らの内に潜心して求める。

―そのためには、孤独と静寂の時を探し、内面の目を開くのが最良の方法であり、

―自分自身の内に神を見、全信頼をおいて語りかける。

―これが、幸せの泉への唯一の道であることに確信を抱く。

これらの表面的には大変シンプルな歩みこそが、潜心への道を示しているのです。テレジア派の神秘家たちにとっては、この単純で方法論不要であることが特徴となっています。目的は神の愛に出会うことです。方法論が当初の大きな助けとなるかもしれませんが、愛の関係においては全く存在しません。

あらためて、可能な幸せとエリザベットの体験に話を戻しますと、大きくなっていった幸せがどのようにして彼女の人生に位置づけられていったかを確認せずにはいられません。アジソン病におかされた最後の月日は、彼女の幸せが巨大と言って良いほどに大きくなった時でした。苦痛にも拘わらず幸せでした。そしてその幸せは単なる熱望ではなく、知覚でき、現実のものでした。可能な幸せであったのです。なぜなら愛である神が存在を満たして下さるからです。彼女の手紙の中の一通に次のようなことが書かれています。「そうです。主との親しさの内に生きることは何と幸せな事でしょう！　魂の奥深くで師と出会うことを知った時、主と親密に呼び合い、主に愛され、主を愛する人生です。そうしたらもう決して独りではありませんし、この敬愛する貴賓の現存を恭悦するために孤独が必要となります」（手紙161、1903年4月28日、フランスワーズ・スルドン宛）。

幸せを求めて

人類全てにとって、目指す目標は幸せです。人間はこのことでは一致していますが、その幸せを見つける方法や、私たちが幸せを確認しようとする時点で定める対象に違いが現れます。不幸にも多くの場合、あたかも街角をまがったら美しいプリンセスが待っているかの如く、幸せを自分自身の外に探します。黄金の輝きに魅了され、私たちの内に在る無限の宝に気が付かないのです。そして現実は、いつも同じ結論を示して終わるのです。お金も、名声も、権力も、観念も、慣習として受け止めている宗教も、人間に幸せを与え得るものではないのだ、と。どんなに幸せを手にしたとしても、〝幸せ〟と呼んでいるはかない瞬間によってその気分を味わっただけです。

エリザベットは、イエスの聖テレジアと同じく、この幸せの探し方を教えてくれます。彼女にとって、追求する上での方向付けは明確です。真の幸せは自分自身の内でしか見いだせません。「私たちが降下し潜心しなければならないその内なる『深淵』、私たちが内に秘めた愛の深淵、これらの深淵に一度だけではなく幾度となく入りこむほどの信仰心があれば、幸せが私たちを待っているでしょう。ギット、この単純な手順で、そして私たちの内なる深淵のなかで、心を一つにしましょう」（手紙292、1906年7月初旬、妹マルグリット宛）。

もし人類がこのエリザベットの言葉を真剣に受け止めるなら、その結果は信じられないものになるでしょう。最も明白なことは、幸せがいかなる人間にも無縁なものではないということが分かることです。どんなに難しく、厳しい状況にあっても常に幸せになる可能性というものが自らの手にあるのです。この数行はイエスが公生活を始めるときに宣べられた福音の言葉と一致しませんか？　何故心の貧しい人、迫害される人、義に飢え渇く人、平和を実現する人を幸いな人であると呼ぶのですか？　何故なら、この人々の生き方はあるがままであり、内に持っているものと同じであり、その人々を真の人であり神の子とさせるものだからです。

幸せは自らの内に

当然のことながら、これは魔法のように或いは即座に効果が出る道ではありません。又バラ色の道でもありません。幸せに出会うためには、私たちが真の幸せを目指して歩むことを妨げる全てのものから解放されていなければなりません。もし内面で、富（或いは成功、出世、等々）が自分を幸せにすると考え続けているようなら、他の方法に舵を切り替えるべきでしょう。エリザベットは、彼女にとって全てであった愛のうちに幸せを見出しました。このことを母親に次のように告白しています。「愛する人と生きるように、愛の交わりの中で主と親密に生きてください。これがあなたの娘の幸せの秘密です。カルメリットとしての心からの愛と、そしてお母さまのものである私のこの心 ―なぜならこの心は全く主のものであり、聖三位のものであるのですから― を込めて抱擁します」（手紙170、1903年8月13日、母宛）。

真の幸せは人の内面、すなわち自分自身と出会い、神性が住まわれる場所からのみ湧き出すことが既に示唆されました。しかしながら、自らと出会うだけでは充分ではありません。自らを受け入れ、愛し、ありのままの自分が神によって愛されているということに確信を抱くことです。このようにして初めて真の平和、調和、人間としての一貫性が生まれるのです。ですから最終的な要、真実で持続する幸せは神との出会いにしかありません。エリザベットは、自らのそして聖人たちの体験に気づくことによって、そのことを次のように表現し得ました。「神の平安のうちに生きなさい。神はあなたを愛しているのです。母親が小さな子供を見守るように、あなたに心を留めているのです。あなたが神の内にいて、神はこの地上におけるあなたの住まいとなられていることに思いを致してください。神はあなたのうちにおられ、しかもあなたと最も親密な状態でおられ、昼夜を通していつ、いかなるときにも、喜びの時にも試練の時にも、とても近くに、あなたの心の奥で出会えるのです。これが幸せの秘密であり、聖人たちの秘密なのです。彼らは、聖パウロも言っているように、自分たちが『神の神殿』（一コリント3・16、6・19）であったことを良く知り、この神に結びついて私たちは『主と一つの霊となる』（一コリント6・17）のです」（手紙175、1903年8月24日、マリー・ルイズ・モーレル宛）。

この幸せは、御父の愛を確信すればするほどに大きくなっていくのです。常に私たちと共にある愛であり、どんな時でもどんな状況にあっても主との分かち合いに入れるものなのです。「もし私たちが神の聖なる現存のうちに、そして私たちの魂の奥深くまで見通す眼差しをもって、主のために行動するならば、何ものも私たちを神から遠ざけることは出来ないと思います。更には世間に在ってさえも、主だけのものでありたいと思う心の静寂があれば、主に耳を傾けることが出来るのです」（手紙38、１９００年12月1日、アングル神父宛）。

エリザベットにとって幸せは、外では見つけることは出来ないものです。それは私たちの外なるものは、私たちを人間性から遠ざけるものでしかないという簡単な理由からです。イエスも福音書で次のように述べておられます。「あなたの富のあるところに、あなたの心もあるのだ」（マタイ6・21）。私たちが多くのものを所有していることによって、その所有物の「奴隷」となり、管理し心を砕かねばならなくなるからです。言うなれば、幸せを享受するために必要な内面の調和を脅かして、私たちを内面からひきはなしてしまうのです。「この地上において、幸いなる人々の生き方を望む魂にとって、この美しい内心の一致は決して欠くことのできないものでしょう！」（最後の黙想4）。イエスが幸いなる人々とよばれた「心の貧しい人々」の徳です（参照マタイ5・3）。

しかしながら、私たちの内的本質は、絶えず脅かされています。平和や内的幸せを保つには、私たちの精神状態は往々にして障害となります。エリザベットはこのことを知っていましたし、自覚もしていました。私たちの歩む道で、自らの限界を体験したり、私たちに起こる精神状態や心の渇きという障害に頻繁に立ち向かわなければならないことがあるでしょう。このような場合の彼女の助言は大変実際的で役立ちます。「イエス様が御父に向かって『あなたは子にすべての人を支配する権能をお与えになりました。そのために、子はあなたからゆだねられた人すべてに永遠の命を与えることができるのです。』（ヨハネ17・2）と言われたあの美しいみ言葉を覚えていますか？　これがまさに神があなたにおいてなさりたいことなのです。主はいついかなる時もあなたが自分から出て、どんな心配事も脇に置き、主がご自分のためにお選びになったあなたの心の最奥の静寂の中で潜心するように望まれます。あなたが感じなくても、主はいつもそこにおられます。そして主はあなたを待ち、あなたとの『すばらしい交流』を望んでおられます。主はこのような変わらない関係をもって、あなたの不完全さ、欠点や困惑等の全てから解放させたいと望んでおられるのです。主はこう仰せになりませんでしたか？『わたしは、世を裁くためではなく、世を救うためにきたからである』（ヨハネ12・47）と。主に近づくためには何も障害と思うべきではありません。そして熱意があるとか意気消沈しているとか余り思い煩うことはありません。気持ちが揺れ動くのはよくあることです。そんな時にも、主は決して変わることなく、その善において、あなたを元気づけ支えるのですから」（手紙249、１９０５年11月26日、アングル夫人宛）。

エリザベットは私たちが納得できるようにと努力し続けます。神は決して私たちを見放すことなく、私たちの限界にも拘わらず、主は私たちの上にそのみわざを実現しつづけておられます。決して私たちを一人にはしません！

9. 神はみじめさにも罪にも驚かれない

エリザベットが、神は決して私たちを愛することをおやめにならないと言う時、それは完全な確信の上での言葉です。神が私たちをお見捨てになったという幻想が、私たちの頭の中を度々よぎります。例えば悲劇に見舞われた時、罪を犯した時、義務を果たさなかった時等々です。これは私たちが神に対して抱いている先入観なのです。そして、私たちが、不当に扱われたとか、罰せられたとか、神に対して値しない人間であるとか、或いは単に神の前から排除されたと感じ、気が付かないうちに神に近づくかわりに、遠のいてしまうのです。イエスの聖テレジアでさえも、彼女の人生にかなりの影響を及ぼしたこの幻想と闘わねばなりませんでした。

神を心から愛し、神の愛を良く理解していたエリザベットは、この基本を明らかにすることに特に固執していました。神は気まぐれに働かれる存在ではありません。神は愛であり、その愛は不変です。妹のギットに次のように手紙を書いています。「私たちが感じることは余り問題ではないでしょう？　神は不変で決して変わることが無いお方です。神はあなたを昨日もそして明日も愛されるように、今日もあなたを愛しています」（手紙298、1906年7月16日、妹マルグリット宛）。親は、愛している子供がいたずらをしたり間違いを犯してしまったりして、抱いていた期待がどんなに裏切られても、子供への愛を失ってしまうことはありません。エリザベットは同じことを神に見出しました。この妹宛ての手紙の中で続けて述べています。「たとえ神を悲しませたとしても、深淵は深淵を呼び（詩編42・8）、そしてギット、あなたの惨めさの深淵は神の憐れみの深淵をひきよせることを思い出して下さい。神さまはこのことを私に、そして私たち二人のためにも、本当に明瞭に分からせてくださるのです」。

私たちの弱さに寄り添う神

人間を創造された神は、それだけではなくご自身が人間になられ、私たちの限界と貧しさを生きてくださいました。私たちを知っておられ、私たちの必要としているものさえもご存知です。更には私たちの存在の完成を脅かすものから解放するために、自らの命をお捧げになりました。このみ業は私たち一人ひとりのうちに引き続き実現されています。そして十字架での勝利は永遠であり、今はこの存在を生きる上で何も阻むものはありません。エリザベットは私たち人間のあらゆる次元、すなわち肉体的、精神的、霊的に弱く、限界ある側面に対して、愛である神のみ業を賢明にも当てはめていきます。友人に宛てて、大変率直に助言を綴った手紙が残されています。その書き方はシンプルで誰にでも解りやすく、その中に愛である神理解に更に私たちを近付けるこんな一頁があります。「健康に関して言えば、自らを考えないということとは、健康への注意を怠るということではなく、それはあなたの義務であり、良い忍耐となります。しかし、何が起ころうと神に大きな信頼を持ち、感謝しながら行うように。体の辛さを感じるときや魂が疲れた時も意気消沈せず、私たちに『だれでもわたしのもとに来なさい。休ませてあげよう』（マタイ11・28）と仰せになったお方に信仰と愛を持って近づいてください。精神面に関しては自身の惨めさによって、決して落胆することが無いように。偉大な聖パウロは『罪が増したところには、恵みはなおいっそう満ちあふれました』（ローマ5・20）と言っています。たとえ最も罪深い霊魂であっても、最も弱い霊魂こそは、最も希望を託す理由を持っているように思います。そして自らを忘れて神の腕の中に飛び込んでいくその行為は、自分自身の中に絶えず自分を浄めて下さる救い主を持っていながら、自らをふり返り不完全さをながめて生きていくよりも、更に主を讃美しお喜ばせすることになるでしょう。イエス様が御父に向かって『あなたは子にすべての人を支配する権能をお与えになりました。そのために、子はあなたからゆだねられた人すべてに永遠の命を与えることができるのです』（ヨハネ17・12）と言われたあの美しいみ言葉を覚えていますか？ これがまさに神があなたにおいてなさりたいことなのです。どんな時も、いかなる心配事も脇に置き、自分から出て、主がご自分のためにお選びになったあなたの心の最奥の静寂の中で潜心することを神は望んでおられます。たとえあなたは感じなくても、神はいつもそこにいらっしゃいます。神はあなたを待っておられ、私たちが美しい典礼の中で歌うように、神とその花嫁のように親密な『素晴らしい交わり』をあなたと始めたいのです。神はこのように常に変わらない関係を持って、不完全さ、欠点、そしてあなたの心を乱す全てのものから、あなたを解放したいと望んでおられるのです。神は、『わたしは、世を裁くためではなく、世を救うために来たからである』（ヨハネ12・47）と言われませんでしたか？　いかなるものをも神に近づくための妨げになると思うべきではありません。自分が熱心になれるとか、意欲を失っているとかを余り気にすることはありません。気力が揺れ動くのは、振り子の法則のようなものです。そのような状態に陥った時は、神は決して変わることなくその善において、常にあなたを立ちあがらせ、神に信頼できるようにとあなたに心をとめておられることを考えてください。それでもなお、空しさと悲しみがあなたを悩ます時は、師がオリーブ畑で御父に『できることなら、この杯をわたしから過ぎ去らせてください』（マタイ26・39）と言われたその苦悩に、あなたの心の苦しみを重ね合せてください」（手紙249、1905年11月26日、アングル夫人宛）。

このエリザベットの手紙については、何頁ものコメントが出来ましょう。ですが読者自身で独自の帰結を見出し、自分の人生に個人的に取り入れていかれるのが良いでしょう。

結局のところ、エリザベットは新約聖書に裏付けされ、啓発された自らの体験を表現したのです。

二つの愛の出会い

エリザベットの体験は神が述べられたみ言葉を揺るぎないものにしています。そして理性的或いは哲学的には非論理的に思われるものも、(人間と神の)二つの愛の出会いからみれば、神が主役となっていれば全てが解決します。ではどのようにしてこの対極にある人間のみじめさと神の聖性がかみ合うのでしょうか？どんな理にかなった答えも見つかりませんが、たった一つの答えは愛です。このようにエリザベットは詩編41の句を使って次のように説明しています。「『深淵は深淵を呼ぶ』。そのもっとも奥深いところで神との出会いが実現され、そして私たちの無の、みじめさの深淵が神の憐れみの深淵、神の完全な無限と向かいあうのです。その時こそ、自らのうちに死ぬ力を得、私たちの痕跡は消え、愛に受容されるでしょう……『主に結ばれて死ぬ人は幸いである！』」（黙示録14・13）（信仰における天国4）。

ここでもう一つ、エリザベットが好んでいる福音に出会います。私たちの生活において、神の愛が示されるには何物も妨げにはなりません。それどころか何も、そして誰も私たちを神の愛から引き離すことは出来ません。ローマの信徒への手紙8・35を手に取りながら、エリザベットは次のように書いています。「私たち自身は罪びと以外の何ものでもありませんが、ただ一人聖なるお方イエス・キリストは、私たちを救い、浄め、彼において変容させるために私たちのうちにお住まいなのです。使徒のあの美しい言葉を覚えていますか？『だれが、キリストの愛からわたしたちを引き離すことができましょう』（ローマ8・35）と。パウロは師の心に思いを巡らし、そのみ心に内包されている憐れみの宝を知り得た結果、『キリストの力がわたしの内に宿るように、むしろ大いに喜んで自分の弱さを誇りましょう』（二コリント12・9）と信頼しきって叫びました」（手紙252、

1905年末、ジェルメンヌ・ドゥ・ジュモー宛)。

同じ範疇で、しかもここではエリザベットにとっては「あらかじめの定め」という概念に照らして見て行くと、次のような一節があります。「使徒(パウロ)の照らされた眼差しには定めの秘義、神の選びの秘義がこのように映っていました。『神が前もって知っている者たち』。私たちはその者たちに含まれていなかったのですか? 神はかって預言者の言葉を通じて述べられたことを、私たちの魂にも仰っているのではないでしょうか? 『わたしがお前の傍らを通ってお前を見たときには、お前は愛される年ごろになっていた。そこでわたしは、衣の裾を広げてお前に掛けた。わたしはお前に誓いを立てて、契約を結び、お前は、わたしのものになった』(エゼキエル16・8)。そうです、私たちは洗礼によって神のものになりました。これを聖パウロが『神が召し出した』という言葉を使って表現しています。そうです、私たちは三位一体の印を受けるように呼ばれており、また同時に、ペトロの言葉によると『神の本性にあずからせていただくようになるためです』(二ペトロ1・4)、そして『キリストに連なる者となるのです』」(ヘブライ3・14）（信仰における天国26－27）。エリザベットが「あらかじめの定め」について話す時は、私たち全て例外なしに、キリストのうちの恵みの充満を生きるために「神の子」となるよう呼ばれていることを指していることを明確にしておきます。

10. 苦しみのうちに見出す幸せ
「勇気を出しなさい。わたしは既に世に勝っている」

イエスの生涯を一歩一歩辿ってみると、イエスも御父と親密な関係を持つ空間を必要としておられました。福音書にはイエスが一人で祈る為にその場を退かれる場面が頻繁に出てきますが、総じて夕刻に山で祈るのを好んでおられました。生涯の最も節目となる時、すなわち公的生活を始められる前、12人の弟子を選ばれる前、奇跡を行われる前、捕えられる前……に祈りに没頭されていたことが分かります。

神の子の限界

キリストは、人間の罪を除いた全ての本質をそのまま受けて世に遣わされたことは述べてきた通りです。このことは、人間が逃れられない苦しみと同じ限界をイエスもことごとく味わわれたことになります。例えば疲労、落胆、苦悩、悲しみ、更には栄養や睡眠をとる必要性等々が挙げられます。もしイエスが心の内面を培うことに多くの時間を費やさなかったとしたら、御父との関係は気力の消失や疲れや落胆のわなに容易く落ち込んでいたでしょう。

御父との出会いであるイエスの祈りは、彼の強さの源泉でした。イエスの人生で最も困難を極めた時に想いを馳せてみましょう。十字架に磔になられる過程でのオリーブ畑でのことです。これらは全て切なる祈りに先行されています。ここでイエスの弱さ、恐怖、苦悩、辛さが浮かび上がりましたが、それは汗が血の滴るように落ちたことに象徴されています。イエスは人生の中で最も苦しい時を過ごしておられたのです。その苦しさを生き、そして祈りの中に心を開いておられました。苦しみを乗り越え、これから起ころうとしていることを平静に受け止めるにはそれしかなかったのです。福音史家ルカは次のように述べています。「……ひざまずいてこう祈られた。『父よ、御心なら、この杯をわたしから取りのけてください。しかし、わたしの願いではなく、御心のままに行って下さい』。すると、天使が天から現れて、イエスを力づけた。イエスは苦しみもだえ、いよいよ切に祈られた。汗が血の滴るように地面に落ちた」（ルカ22・41－44）。その時に体験した凄まじい苦しみにも拘わらず、祈りはイエスの気力を保ち、苦しみから逃げることもなさらず、捕縛や死に先だって行われた侮辱の数々を冷静に受け止められました。

人間は、私たち誰でも、恐怖や苦悩に襲われた時には、その状況を冷静に受け止め、落ち着きと明瞭さを持って対処できるに十分な自制が難しくなります。反対にイエスはそんな時でも人として全く毅然としておられたことを確認できます。それは神性によるものというより、祈りに照らされ、御父との一致のもとに生きた人性によります。ここでイエスは、私たちが人間として乗り越え難い極度の苦難に直面した時、どのようにその状況に向かいあえば良いのかヒントを与えてくださいます。

共存への学び

　私たちの社会を刻んでいる生活のリズムは、苦しみや死がそこに迫っていることを忘れさせてしまいがちです。技術も福祉も最先端の医療もそれらを回避することはできません。緩和剤や薬は痛みを取るかもしれませんが、精神的苦しみの負担は残ります。解決法はその苦しみの存在に目をつぶることではありません。たとえその話題を口にしなくとも、誰でも確実に被ることなのです。そして最悪な事に、人生で起こるそれらの恐ろしい状況をどのように生き、適切に受け止めたら良いかを私たちは教えられてもいないのです。現代人は快適な暮らしをし、それを享受します。その上更に文化的なことまで。しかしながら苦しみにはますます弱くなっています。体の組織が少しずつ抵抗力を無くし、単なる風邪のウイルスさえも生命を脅かすことがあるのです。

　これまでに述べてきたように、エリザベットは、子供のころから苦しみと共存しなければなりませんでした。最初は父親の死、次に自己の性格との戦い、そして修道院に入るに当たっての母親の断固たる反対、最終的には26歳にして彼女の命を奪った病です。時とともにエリザベットは自らの苦しみを異なった側面から捉えることを学んでいきました。彼女の人生や幸せの「秘密」は、他に緩和剤となるとは思えないところに効力を生みました。「主が私に教えて下さったように、もし私があなたに幸せの秘密をお教え出来たら何と素晴らしいでしょう！　あなたは私には心配事も苦しみも無いとおっしゃいます。私は確かに幸せですが、しかし、全く逆境にあっても、人は幸せになれるということをあなたも知っていらしたら……それには絶えず神さまに目を向けていなければなりません。胸の内で煮えたぎっているように感じるときには、最初は努力をしなければならないでしょう。しかし忍耐強く、神さまに心を寄せることによって少しずつ実現できます。私がしているように、あなたも魂の中に小さな部屋を築くと良いでしょう。そこに神さまがおられると信じ、時々その中にお入りなさい。いらいらしたり不幸に思ったりする時は、その中にすぐお入りになって、師に全てを語ると良いでしょう。そのことが少しでも分かるようになれば、祈りも退屈ではなくなります。私にとっては憩い、安らぎとなるのです。単純に私たちが愛しているあのお方のところに行き、母親の腕の中に抱かれている子供のように主の傍らでみ心に語りかけましょう。あなたは私の横に座り内緒話をするのが好きでしたでしょう。あの頃と同じようにして主のみ許に行きましょう。きっと私たちを良く理解してくださいます……もしこの事が理解出来れば、もうきっと苦しまないでしょう」（手紙123、1902年6月19日、フランスワーズ・スルドン宛）。

理解する

「もしこの事が理解出来れば、もう決して苦しまないでしょう」。基本的にはエリザベットはこの場合、逆境によって生じる苦しみに関して言及しているのですが、私たちは彼女の言葉を、苦しみ一般に関するものとして考察していきましょう。もし冷静に考えるならば、多くの場合苦しみとは、私たちの不完全さからくる反応です。確かに苦しみは多種多様で、決して一般化すべきではありませんです が、人生の中で日々、私たちを絶え間なく襲う大なり小なりの苦しみを分析すると、怒りを覚えると苦しみが生まれ（一日のうちで立て続けにこの事が起こっています。バスが行ってしまった、運転手が無礼であった、長時間待たされた等々……）、期待していた結果が出ない怒り、気配りをしてもらえない怒り、誕生日を覚えてくれていなかった怒り、……挙げればきりがありません。何故これらの事が私たちに苦しみとなるのでしょうか？　何故ならある時は、私たちの自己愛、私たちの期待、私たちの計画……が脅かされるからです。結論としては、多分私たちが多くのものに実際よりはるかに大きな重要性を付加したり、或いは自分自身に集中していないので、どんなことにも心が向いてしまうからなのです。今日、心理学は、私たちが簡単に影響されたり動揺しないように、多くのシンプルな対策を提供してくれています。エリザベットはたった一つですが、あらゆることに適応できる対策を持っていました。それは奥深い内面の命を養うことです。その結果は既に前述してきましたが、平安、調和、一致のうちに集中して生きることです。

しかしながら、他にも克服し、打ち勝ち、制するには容易ではない一連の様々な苦しみが存在します。十字架上でのキリストの死とそれに続く復活は、人生がもたらす避けることのできない苦しみの中で、人間らしく、尊厳をもって、それでいて楽しく生きる方法に出会うための鍵なのです。イエスの最後の祈りはマタイ27・46によると「わが神、わが神、なぜわたしをお見捨てになったのですか」とあり、ルカ23・46によると「父よ、わたしの霊を御手にゆだねます」とあります。一見したところ、この二つの祈りは、表面的にはとても異なってみえます。一つは苦悶、失望からの叫びを表しているように取れますし、もう一つは反対に、完全な信頼を表しています。しかしながら両方とも神への祈りという点で共通しています。言い換えれば、不条理なことが起こっている中で、この二つの祈りの奥には神の現存と近さが存在しています。確かにこの叫びの表現には、マタイでは痛み、絶望の感情が伝わってきますが、反対にルカでは信頼感が伝わってきます。イエスによって苦しみ体験されたこの見放された状態は、生命の極限状態にあっても、全てが闇に閉ざされ不条理で私たちに何の意味も意義もみいだせない時でも、絶望の叫びが信頼の祈りへと変容を遂げることができることを私たちに感じさせます。これは御父に対する全幅の信頼です。神の手に自らを委ねることです。「……私は神である愛するお方の腕に身を任せ、委ねることによって、心は平静でいられます。私が信頼しているのはどのようなお方かを知っているからです。神は全能であられるのですから、ご自分の意のままになさるのが良いでしょう。神が望まれることのみを私は望み、一つのことだけを願います。全霊をつくして真で強く寛大な愛である神を愛することです」（手紙38、1900年12月1日、アングル神父宛）。

委ね

三位一体のエリザベットも暗い夜の辛さの極限を体験しました。このような場合でも彼女の信頼厚い委ねは揺らぎませんでした。「委ねることによって神さまに導かれていきます。私はまだ若いのですが時折、大変苦しみました。そのように全てが混乱していた時には、現在が非常に辛く、未来は更に陰るように思え、心の目を閉じ、天におられる御父の腕の中にいる子供のように自分を神さまに委ねました」（手紙129、1902年7月25日、スルドン夫人宛）。エリザベットは「神さまが大変遠くにおられるように見えても、実際には非常に近く、そして私たちのとても『奥』におられる」(手紙160、1903年4月27日、デ・ボベ夫人宛)ということを確信していました。

十字架に関して。少なくとも言葉の上で、往々にして、私たちは人生の十字架は神の御手によって遣わされたと捉えます。この原稿を執筆中のある日、独り住まいの高齢の知人に出会いました。彼女はいつも幸せそうで上機嫌です。服装はつましくシンプルで、訊ねたことはありませんが、推し量るに経済的にはぎりぎりで生計を立てているのでしょう。私が元気ですかと訊ねると、持病について何気なく話した後に、先週末にしたことを語ってくれました。それによると、彼女が毎週参加しているキリスト教グループの集まりの人びとと黙想会に行き、そこで、たずさわっている「第一歩を踏み出す」活動支援の最終準備をしてから、同会合で、一人ひとりが十字架を手に持ち、自分の現在の人生で背負っている十字架が何であるか、そしてそれをどのように受け入れていくかを語り合ったそうです。全員が十字架を持ち、各自が皆の前で病、苦しみ等々の背負っている十字架を表明していき、私の知人の番になった時、彼女は十字架を持たずに立ち上がりました。最初は高齢なので、この式典について多分理解できていないのではと思われたようです。責任者の「あなたの十字架は何ですか？」という問いかけに、彼女は「少なくともそのような意味での十字架は背負っていません。私の苦難を神さまのせいにはしたくありません。私の人生の痛み、苦しみ（又は十字架）は愛を深めるチャンスであり、神さまはそれを私に期待しておられるのです」と答えたそうです。同席の苦難を発表した人たちの反応がいかばかりであったかは、私には推し量れません。その時私は急いでいたので、そのまま話し続けることはできませんでした。修道院に帰って初めて彼女の語ってくれたことに思いを馳せましたが、彼女の答えが持つ深い意味に気付かされたのです。

心の目を開く

エリザベットは苦しみの陰にプラスの面を見つけることを私たちに教えてくれます。彼女のメンタリティーは、十字架を負うことを神の到来と理解することに特徴づけられていますが、同時に神からの贈り物として、あるいは同じようなことですが、彼女の中で揺るぎないものになっていく愛を神に示す機会として捉えています。彼女の友人への手紙に次のような内容のものがあります。「苦しみの価値というものを私は充分理解しています。カリスの奥深くにそのような甘美が隠れているとは思いませんでした。カルメル会に入って発見できた〝苦しみが増せば増すほどに幸せは大きく真実になっていく〟ことについて私の母に繰り返し伝えてきました。神さまとの絶え間ない関係を生きることができる大好きな静寂の中では、神さまの光によって、唯一の真実であるそのことを悟らせてくださいます。そしてその光は、苦しみが私たちにどんな形で現れるにせよ、神さまが被造物にお与えになる愛の最大の試練であることを私たちに分からせてくださるのです。聖パウロは『神は前もって知っておられた者たちを、十字架にかけられた御子の姿に似たものにしようとあらかじめ定められました』（ローマ8・29）と言っています。親愛なるあなたと私たち二人は、神が前もって知っておられた者の中にいるのです。その幸運をお互い過小評価しないようにしましょう！」（手紙315、1906年9月23日、グ・ドゥ・ビーズ夫人宛）。

エリザベットは苦しみ、病、死に直面しても幸せでいることができました。そして実際幸せでした。それは彼女の生きた信仰、キリストへの愛に起因しています。そのような状況にあっては、不可避なことに固執することなしに、キリストとより深く一致する機会へと変えていきます。「私は主のご受難を黙想しています。そして主が私たちのためにそのみ心、霊魂、身体でお受けになった全ての苦しみを考えると、それらすべてに報いたいと思います。主がお受けになったあらゆる苦しみを、自分も受けたいと望むようなものです。私は苦しみのための苦しみそのものを愛せとは言いませんが、天の配偶者であり愛するお方と共にいたいので、苦しみたいのです。これによって霊魂は穏やかな平安と深い喜びのうちに満たされ、私たちを困らせる全てのものから解放され、幸せの中に憩うようになります」(手紙317、1906年9月下旬、母宛)。

冷静に不可避なことを受け入れるのは、神の栄光を讃える一つの方法です。エリザベットは私たちに次のように伝えます。「『わたしの食べ物とは、わたしをお遣わしになった方の御心を行い、その業を成し遂げることである』(ヨハネ4・

34)。私たちの敬愛する師のみ旨に一致なさり、あなたの苦しみや喜びは主から来ることを考えてください。そうすればあなたの毎日は絶え間ない交わりの生活になり、すべてが神様に捧げる証しになるでしょう。これはとても現実的で、というのも神さまは分割されません。そのみ旨は神様の存在そのものなのです。神さまは全てに完全なお方ですべてのものに存在します、そしてこれらのことは、ある意味ではあふれる神の愛に他ならないのです。もうこれで、苦しみそして落ち込みの耐えがたい状態にあっても、神さまを讃えることができるのがお分かりでしょう」（手紙264、1906年1月末、アングル夫人宛）。

もうお分かりになったように、苦しみのための苦しみそのものを求めるということではなく、避け得ない苦しみを他の方法で生きるということです。最も大切なことは苦しみが人間としての尊厳を損なわないようにということです。そのために、十字架につけられた神の秘義の力を考えましょう。それは私たちの苦しみを受け止めるだけでなく人間的には愚かで説明しがたいことに意義を持たせるようにしてくださいます。聖パウロが次のように述べている中に、この事が良く説明されています。「ユダヤ人はしるしを求め、ギリシャ人は知恵をさがしますが、わたしたちは、十字架につけられたキリストを宣べ伝えています。すなわち、ユダヤ人にはつまずかせるもの、異邦人には愚かなものですが、ユダヤ人であろうがギリシャ人であろうが、召された者には、神の力、神の知恵であるキリストをのべつたえているのです。神の愚かさは人よりも賢く、神の弱さは人よりも強いからです」（一コリント1・22－25）。

11. 必要なことはただ一つ——他の一切は余計となるとき

人類の歴史において、現在の神秘学の大きな豊かさについて知っている或いは直観的に感じている人は、熱心なキリスト者であると自認する人を含めても、まだ非常に少数です。このテーマについては著名な神学者たちにおいてさえ、知らないことや先入観が往々にしてあります。神秘学は少数者に限ったものであるとか異常な状態或いは現象と捉えている人と出会うことは珍しくありません。その他多くの人びとは、神秘学は現実からかけ離れているものであり、その見地から、生真面目なキリスト者だとか、盲信的だとか、浮世離れした司祭だとか、敬虔さ、信心深さを装っているなどと思っています。そして神秘学は東方宗教のものであると考える人さえいます。これらの見解は完全に間違いであり、無知からきたものであったり、あるいは神と共に生きることや神との個人的出会いよりも、規則や儀式を重要視する欠陥のある宗教教育の結果なのです。そして「神体験」をすることを、私たちを「教義」から遠ざける可能性があると考え、恐れ続ける人もいますが、実際には父と子の愛の交わりを生きることなのです。

「神体験」への恐れを取り去る

いくつかの大きな宗教の伝統的神秘主義の中で、キリスト教神秘学は人物像、内容においても群を抜いています。同じキリスト者たちの間でも理解されず、疎外され続けていてさえもです。伝統的キリスト教教育を受けた人たちの中で、その後、熱心に自己探求を行った結果、多くの宗教の選択肢のなかから、仏教やスーフィズム等に出会い、それを実践している人々と会う機会が一度ならずありましたが、とても好奇心をそそられました。その中でも特にインパクトを受けたことは、彼らが出会った宗教の伝統に裏打ちされた内的生活を熱心に送っている結果、はからずもキリスト教の偉大な神秘家に出会っていることです。たとえばイエスの聖テレジアや十字架の聖ヨハネです。以前は、その存在すら知らず、ましてや誰もその偉大な教義の豊かさに出会えるように導かれることも無かったのです。この事について私はどうしてなのか理由が分からず、時折、キリスト教における精神的或いは神秘的生活への軽視から来るものなのかと絶えず自問し続けてきました。

その考えられる理由の一つとして、神秘学について何世紀も前から言われてきた「非論理的で非現実的」であるとの懸念に基づいているのではないかと考えます。もう一方では、本物の神秘体験は決定的で成熟した真の宗教的意識を生じさせますが、すべてをコントロール下に置きたい一部の組織から好意的に受け止められるとは限らないことです。またもう一方では、歴代の神秘家によって立証された事象が個人的神体験であり、間接的ではない神との直接のふれあいとして、人びとに恐れを抱き続けさせているからではないかと思われます。

その他の可能性としては、多分、神秘家たち自身の表現法に起因しているのではないかと思われます。彼らの言語は必ずしも明確ではありませんし、特に経験の無い人にとっては理解しがたいものです。そして更には、何人かの例外を除いて多くの場合、彼らの書き方が体系的でもなく整然ともしていないことです。西欧では人々は生活のみでなく、宗教の実践や生き方においても理論性と即効性を重要視する傾向があります。その「メンタリティー」は、宗教が極端に理論化し制度化したものへと変化していくのを助長してきました。その根底は、私たちの中で安全と抑制への必要性が無意識のうちに働いた結果なのでしょう。しかしながら、実際、真の神体験のためには、このメンタリティーは二つの重大な危険性をはらんでいます。一つは宗教を極端に構造的、組織的、中央集権的にしてしまうことです。この傾向は、宗教家を単なる務めを果たすだけの人にさせてしまいます。もう一つの危険性は、宗教的実践を物象化し、祈りを単なる実践の一つとして、時には義務として捉え、ある時には必要なものを得る手段としてしまうことです。このような祈りは福音の精神や、父なる神との関係を築くようにと招いてくださるイエスの教えや模範から離れさせてしまいます。言い換えると、御父とのパーソナルで親密な愛と信頼に基づいた祈りから遠ざけてしまうということです。祈りが単に形式にとらわれると、実質的に無味乾燥なものに変わってしまいます。この次元からみると、神とのパーソナルで、直接的出会いに集中した神秘学は、何か卓越したものとして浮き彫りにされます。「教会博士」として宣言された「祈りの普遍の師」であるイエスの聖テレジアは、祈りを「私たちが神から愛されていることを知りながら、その神と度々二人だけで親密に話し合うこと」と定義づけていました。そしてその「心の祈り」が、女性に厳しい宗教的閉鎖性の時代にあって特に女性に対し危険視されると、彼女は真の祈りは、どんなタイプであろうとどんな種類のものであろうと本物の祈りとなるには、考察を伴っていなければならないと主張しました。彼女の言葉でいえば「私にわかるかぎりでは、このお城にはいる門は祈りと考察です。口禱よりも念祷、であるとは申しません。とにかく、祈りであるからには黙想が伴っているはずですから。自分はだれに話かけているのか、何を願っているのか、願っているのは何者であり、どのようなおかたに願っているのかを考えないような祈りは、たとえいくらそのひとがくちびるを動かしていても、私には祈りとは呼べません」（イエスの聖テレジア著　霊魂の城1・7）。

三位一体のエリザベットはこの同じ道程を辿り、生き方と真の出会いとなった祈りを探し当てました。「……カルメルの生活の本質である祈り、すなわち決して途切れることの無い神との親密な対話の恵みを一緒に願いましょう。なぜなら人が誰かを愛するとは、もう自分は自らに留まっているのではなく、愛している対象者のうちに移行し、自分自身よりも愛する者のうちにおいて生きるようになるからです」(手紙299、1906年7月17日、カルメル会修練者宛)。もう一つ決定的な断言があります。「その上で、主が私に託される務めがどのようなものであっても構いませんでしょう? 主がいつも私と共におられるのですから、祈り、親密な対話に終わりはありません。私の霊魂の中に生き生きと主を感じ、私の内で主に出会うにはただ潜心する以外ありません。これは私を真に幸せにします。主は、私の心に、主のみが満たすことができる無限の渇きと大きな愛の熱望をお与えくださいました。そこで、私はあたかも子供が母親のところに飛んで行くように、主が全てを満たし、捉え、受け入れ、腕にいだかれるよう、主のところに行きます。神さまに対して私たちはとても素朴でなければならないと思います!」(手紙169、1903年7月15日、アングル神父宛)。愛において祈りは、イエスが私たちを御父と結びつく方法として示して下さる真の次元なのです。「愛は自らのうちに愛する対象となる者を引き入れます。私たちはイエスさまを私たちのうちに引き入れ、そしてイエスさまはご自分のうちに私たちを引き入れてくださいます。すると神さまの眼差しのもとに私たちは自らを超えて愛の奥深くへと心を奪われ、愛である神との出会い、聖霊との出会いへと向かいます。そしてその愛が私たちを抱き、焼きつくし、至福が待つ神さまとの一致へと私たちを引き寄せます（……）」（信仰における天国18）。

人生を変える信仰

今日では、表面的信仰心に批判的な人達も含め、一般的に系統だった黙想に強い風潮が見られます。この感覚からいくと、神秘家たちにとっては一般的に系統だった黙想への願望のにわかブームは余り好ましいものには思えないようです。この風潮は、どちらかというと系統だった黙想とか瞑想の手引きとかリラクゼーションの指導に向いているようにみえます。この人たちは探求しますが、その道を確保する安定した基盤に簡単にしがみつく傾向にあります。キリスト教の神秘家たちは、通常あらゆる系統だった方式を排除します。当然のことです。神秘家にとっては、エリザベットの場合もそうですが、絶対的な方式はありません。なぜならば扱っている内容が、自分が穏やかでいられるようにと、単に自分自身を探す道でもなく、リラクゼーションのためでも、内的平和の空間を造るためでもないからです。その内容は、人格を持った者同士の関係であり、人間と神の間の愛の関係です。そして愛が更に本物になるにつれ、人をして自由で寛容で全存在を捧げるようになっていきます。そして同時に、出会い、内なる平和、調和、真の自分自身を知る空間がつくられるのです。エリザベットの次のような助言があります。「そして黙想は？　本に余り頼り過ぎず、読むのを減らしてみたらどうですか？　きっとそのほうが良いことに気付くでしょう。十字架を手に取って、眺め、耳をすましてごらんなさい。そこには私たちの約束の場所があるでしょう？　忙しくしている時、あなたの信心の務めが出来なくても心配しないように。仕事をしながらでも主に祈ることは出来ますし、主に思いを馳せるだけで十分です。そうした時には全てが優しく、簡単になります。なぜって、私たちは一人ぼっちで働いているのではなく、イエス様がそこにおられるからです」（手紙93、

1901年9月12日、妹マルグリット宛)。

祈りの道におけるあらゆる方式は、すべて価値があると強調しておきます。それが単に目的を達するための助けとなる場合さえでもです。けれどももし方式それ自体が目的になってしまったら、その真価が失われ、その人はたとえある一時期、自らと出会い、調和を保っていても、道半ばで見失ってしまうでしょう。ですから黙想そのものも、向かう姿勢も、内面に空間を造ることも、沈黙も、それ自体は目的と捉えることは出来ません。これら全ては神との出会いを助けるための手段であるべきです。ですからこの道のリスクと危険性としては、方式或いはテクニック、特定の実践或いはひとつの場所に縛り付けられてしまうことが挙げられます。それは、未だその人の中で、出会いを得られるような空間も沈黙も準備されておらず、無関係の手段に訴える必要性から生じるのでしょう。神秘家たちにとっては「真に愛する者は、どのような場合でも愛せるのです」。言い換えれば様々な道は愛、一致、神の現存の次元で生きるようにもって行かなければなりません。唯一の方式は愛に尽きるのです。「愛するとは単純なことです!

主のうちに住まうことです、というのも愛する心はもう自らの内にあるのではなく、愛するもののうちにあるからです。主のみこころに喜びを捧げられるように、全ての犠牲と生贄を喜んで受け入れながら、主のために苦しむことです」(手紙288、1906年6月24日、妹マルグリット宛)。

神の現存への学び

ですからエリザベットも勧めているように、神の絶え間ない現存への感覚を育てることは大切なことです。神が私たちの存在を完全に所有されるように、愛の一致が目標となります。ですが、それは手を加えることなく単純で、父親の前にいる子供のように純粋な眼差しをもって、神の子としての私たち生来の姿でいることです。「単純に私たちの愛するお方のところへ参りましょう。母親の腕に抱かれている子供のように主の傍にいて、私たちに話しかけてくださるままになりましょう」(手紙122、1902年6月15日、スルドン夫人宛)。

イエスが招いてくださるみ言葉をちょっと考えましょう。「心を入れ替えて子供のようにならなければ、決して天の国に入ることはできない」。子供は父親の保護のもとに安心して生活しています。困難な状況にあろうとも、父親が必要なものが足りなくないようにと、心を配ってくれることを子供は知っています。父親の陰で自分が安全で守られていることを感じています。この事は子供の宝であり、幸いなのです。イエスは、それと同じように、私たちもその宝と幸いを神との関係において持っていると断言しておられます。ですからもし私たちが神のための居場所を私たちの内に造るなら、誰も私たちから奪い取ることのできない宝となるでしょう。エリザベットはこのことについて確信していました。「『人がわたしにつながっており、わたしもその人につながっている』（ヨハネ15・5）。この内面にある部屋は誰も私たちから取り去ることはできません。ですから私たちが通らなければならない試練は、全く気になりません。私にとって唯一の宝は、《私自身の内》にあるのですから。その他のものは何の意味も成しません」（手紙160、1903年4月27日、ドゥ・ボーベ夫人宛）。

12. 真のリアリズム――内面化

自分についての理解、或いは自己認識について語るということは、深い実存的考察をもって、そのテーマに自らの全てを深く掘り下げていくことです。確実に、それは私たちの生涯を通じて提起された最も難しい課題と言えるでしょう。そしてどんなに長生きしても、自らの存在や人格に対して完全な自己認識を余すところなく把握することはできません。これは、全人類の人生に永久についてまわる謎です。

自己認識

生涯を振り返ってみると、特に学童期や大学生だったころには非常に多くの事を学ぶ機会に恵まれましたが、そんな中でも、常にある一科目だけが欠けていました。通常、誰もこの科目（訳注 自己認識）について教えるということを配慮していません。最も基本的なことであるにも拘わらず。自己認識度は、最終的には、私たちの存在全て、或いはほとんどに関わってくることです。そして最も大切なことは幸せで満ち足りた人間としての自己実現の度合いに関わってきます。

自らを知るということは一生涯続く課題であり、真摯に自分の全てを受け入れ、内面に心を向ける人のみが成長し、学び、納得し、人生に降りかかる試練を乗り越えていくことができます。現代心理学が（自己認識探求の過程において）精神的にも霊的にも健全であることは基本的要素の一つであると強調していることには一理あります。

自己認識が、社会からもたらされた生活のリズムによってうまくいかなかったり、停滞してしまったりすることが往々にしてあるのは確かです。自分が思い描いたような自分になっていない、或いは自分が人々の期待通りになっていない、或いは社会のダイナミズムやジャーナリズムが喧伝する完璧な「型」に適応していないなどを、トラウマに陥らずに発見するのは難しいことです。思春期において、このような状況は特に厳しく残酷でさえあります。人生のこの時期には新しい世界に出会います。私たちの存在、私たちの個人的アイデンティティー、私たちの内面性です。それを新たな誕生と呼べるでしょう。「自分自身」の歩みを始めるために、子供であることを卒業し、大人の庇護から離れ、成人としての誕生へと向かいます。

自らのアイデンティティーの探求は、度々社会的固定概念によって変化、歪曲されることがあります。模範や自分の考えを正当化してくれる人々を必要とし求めることによって……そしてここで、私たちは自分の人生をどう生きていくかの最も大きな部分を決めてしまいます。自らの「自分自身」を外面化するか、或いは仮面を被り、こうなりたいと思う偽りの自分になって自らを失ってしまうかです。ここに私たちに直接影響を及ぼしうる多くの例をあげてみましょう。受け入れるか受け入れないかは、それはあなた次第です。

既に、エリザベットにおける自らの存在への心の開きは、人間的、霊的レベルにおいて総合的成長を助けてきたことを指摘してきました。そしてこの内面化への道は、彼女にとって唯一であり譲ることのできない大きな価値、更には永遠の価値への発見に決定的なものとなりました。彼女は次のように表現しています。「そして魂が自らの内に与えられている豊かさを理解できたとき、それが被造物からであっても神さまから来たものであっても、自然或いは超自然の全ての喜びが、自分自身をこころの奥深くに入るよう招いてくれるのです。そして、そこで自分の持っている本質的な善、すなわち神ご自身を享受します。ですから、十字架の聖ヨハネの言っているように、魂は神の存在とどこか似たものを持っていることになります」(最後の黙想28)。

おそらく、私たちは、その人自身の成長だけでなく、関係性における根源的課題を前にしているのではないでしょうか。自らを知らず、自らを受け入れないということは、ひとに対して愛情ある関係を形成するには非常に大きな障害となります。そこに多くの危機となる根拠が見つかります。特に、もし、あらゆる友情関係が、必然的に相手に献身的であり、同時に認め、受け入れると考えるならば、当然でしょう。しかしながら、自らの全てを差し出さない人、或いは偽りの献身を装う人は、偽善の基盤の上に関係が築かれるので、その関係は遅かれ早かれ沈み、崩れていきます。

内面化とは愛することを学ぶこと

既に述べてきたように、エリザベットにおいて、祈りを理解し生きる方法である根源的要素は愛です。そして神と真正面から向き合う時 ―(神と互いに親しく話すように)―、人はこれだけを手がかりとして自らを知る重要性を理解できるのです。愛の全ての関係において、それが正真正銘のものであるには惜しみなく献身することが必要です。それにはその人がどれだけ解放されているかにのみ可能性がかかってきます。それは、自らを知り、自分を捧げるとはどのような事かを知っている時にのみ達することができる解放です。内面化なしでは、自己認識も、解放される可能性も、人格の成長も、献身もありませんから、愛の真の関係も成り立ちません。カルトジオ会修道士オーギュスタン・ギルランドの次の明言はそれらの要素の相互作用を際立たせています。「神の偉大さ、人間の無力さ。あらゆる信仰は、この二つの現実によって統制されることにより、強固な一体となり愛により支配されています。『（神は）神であり』人間は『そうではない』。神と存在は一つのことです。人間は神が存在を告げる時に限ってのみ、その存在があるのです。信仰とはこのコミュニケーションから生まれるのです。そして最終的段階における祈りとは行動における信仰なのです。伝わってくる魂の動きであり、それは神から与えられた時にのみ伝わるのです。この信仰を告白するのは、本質の祈りでありそして謙虚なのです」。

ここにきて、ドイツ人の神学者ユルゲン・モルトマンのテキストを引用しないではいられません。彼は、私たちの中に、内面化と自己認識をする空間を造ることの重要さを非常に適切に表現しています。「理解する上での黙想の方法は、自分自身との関係においてとりわけ大切に思われます。人は、交際、社会的行動、政治活動に逃げますが、これは人間が自らに耐えられないからなのです。自らに満足していないのです。ですから一人でいられないのです。孤独はあたかも拷問なのです。静寂は耐えがたいものです。孤立した生活はあたかも『社会的な死』のようなものです。あらゆる失望は避けなければならない苦しみです。それでも落ち着いていられず行動に移る人は、他者にとって重荷となるだけなのです。社会的活動や政治的な関わりは、自らの弱さを癒すための薬ではありません。自分自身を深く知らない者は、他者のために役立ちたいと思っても、何も有用なものを自分の内に持ち合わせていないのです。善意からであり誰にも悪意を及ぼさないことを前提にしても、唯一他者に伝えられることは、その人の自我、攻撃的な不安、偏見に満ちた考えという伝染性の病だけなのです。他者を助けることによって心の空虚感を埋めようとすると、自らの空虚感を広げるだけの結果に終わります……なぜならば、人間が他者に対して与える影響を考えたとき、言葉や行動によってのほうが、その存在や人となりによるよりずっと小さいのですが、しかしこのことは認めたくないのです。自らに向き合い、自らに出会った人だけが、他者の助けとなれます。他の言いかたをすれば、『あなたは何を差し出せるのですか?』自らを受け入れることができて初めて他者を支配的にならずに受け入れることができるのです」。

自らの無を悟る

エリザベットも良く認識しているように、内面化するということは、自らの無と弱さに出会うことを意味します。この弱さとは、自分たちの中で嫌いな部分とか、受け入れ難い部分全てのことの象徴なのです。「まず第一に、魂は『伏し拝み』、自身の無の深淵に潜心し、そこに沈み込むべきです。それによって、ある神秘家の崇高な表現を借りるならば、『誰もそこまで探しに行けないほどに深く降下したので、真実、不変、完全な平和は、何ものにも乱されることはないのです』」（最後の黙想21）。

とは言え、そこに至るには自らの存在との調和を保つ道を通らざるを得ません。自らを知り、受け入れ、愛することです。それは、そこで停滞してしまう動きではなく、私たちの内に在り特徴づけられている大きな豊かさのうちに、私たちを深く連れて行く動きなのです。神の深淵に入っていくことです。「神様は私に何と良くして下さるのでしょう！　それはあたかも、天国に主の憐れみを歌いに行く時を待つ間、自分自身がその中に消え失せてしまうほどの愛の深淵なのです……」（手紙208、1904年8月14～16日、アングル神父宛）。

その上、神との深みにおいてのみ、消滅することができる無限の欲望の限界を知ることを意味します。「被造物のこの虚しさ、主への無限の渇きは、十字架のもとにいると何と癒されることでしょう……！　主は泉です。私たちの渇きを癒すために、愛するお方の傍にいきましょう。主のみが私たちの心を満たすことができるのです……」（手紙49、1901年4～6月1日、マルグリット・ガロ宛）。

エリザベットにとって内面化への道は、必要に応じてその時だけ生じるというものではありません。彼女は、被造物の本質のうちに求められているものとして、イエスご自身からの招き、呼びかけを悟りました。ルカ19・5の「急いで降りて来なさい。今日は、ぜひあなたの家に泊まりたい」という個所について、エリザベットは次のように考察しています。「師は私たちの魂に、その日ザアカイに言われた『急いで降りて来なさい』という言葉を繰り返し言っておられます。では、師が私たちに要求しておられるこの降りるということは、私たちの内面の深淵にもっと奥深く入りなさいという意味以外に、何を言おうとしておられるのでしょうか？ その行動は『外的な事柄からの表面的な切り離し』ではなく、『霊的孤独』であり、神以外の全てからの離脱なのです」（信仰における天国7）。これらの言葉には、自身の内面にどのようにしてより深く降下するかが示されています。しかし、神ではないもの全てから物理的に離脱するためには、目をしっかり見開いていなければなりません。それは、私たちの存在の調和を大切にしながら、自分を抑圧するものを探し知る為です。そしてエリザベットはこのように表現しています。「何ものも私をこの美しい静寂から引き離すことがないように、常に変わらない状態、孤独、離脱でいることが求められます。もし私の望み、恐れ、喜び、苦悩、これらの『四つの感情』に起因している全ての行動が、完全に神に向けられているのでなければ、私の魂は孤独とは言えず、私の中にはまだ騒音があるのです。ですから、私には、平静さ、『諸能力の眠り』（イエスの聖テレジア自叙伝16.1）、全存在の一致が必要なのです」（最後の黙想26）。

解放への道

この同じ文脈の中で、更に物理的離脱の大切さをより深く説明するために、エリザベットはロイスブルークの言葉を借りています。「私たちの意志が神と一致するのに程遠かったり、勝手気ままであったら、私たちは子供のままでいることになり、愛において大きな歩みを遂げることはできません。というのも火はまだ鉱滓を燃やし切っていないので、金はまだ純金になっていません。ということは、私たちは、まだ自分自身を探し求めていて、神は私たちの神への敵対を焼きつくしておられないのです。『しかしながら、全ての不純な愛、苦しみ、恐れが釜のなかで焼き尽くされる時には、愛は完全となり、私たちの契約の金の指輪は天と地よりもさらに大きいものになるでしょう。『それこそが愛が選んだものを住まわせる秘密の部屋』であり、その『愛だけが知っている抜け道や小道を通って、私たちに生涯連れ添ってくださるのです。そして、もはや私たちは後戻りすることは出来ないでしょう』」（信仰における天国8）。

困難に出会うこともあるでしょうが、自らの内面の世界に出会うことは、人をして無欲、解放への姿勢へと導きます。その生き方は、それまで中心であり関心の的であったものを変えます。その理想を追求するためには、私たちは内面に留まり、神の現存を前にして沈黙のうちに生きることが必要となってきます。そうすることによって、魂は、限りない充満のうちに降下し、広がり、燃え上がり、神と共に沈みます『（信仰における天国25）。神の充満の内に生きることを邪魔する一切のものと決別するということです。「『あなたがたは死んだのである』。これは、聖なる潜心の難攻不落の砦の中で、一切のものから離れ、放たれ、遠ざかり、神との親密さの内に生きようとしている魂以外の何を意味しているというのでしょうか？」（信仰における天国11）。

13. 道――愛されるままに！

三位一体のエリザベットが書いた短い霊的文書の中に、この表題の言葉が謳われています。これは彼女の修道院長であったジェルメンヌ院長宛てに書かれた手紙です。霊的遺言のようなもので１９０６年10月末ごろ、病によって食べることも儘ならず、何をする力もなくなってしまった人生の終焉を迎えたころに書かれたものです。このすぐ後に彼女はもう書くことも出来なくなっています。

この短い文書のタイトルは、その中の一節から引用されています。「愛されるままに」は、エリザベットの生涯そのものであり、そして全ての人々へのメッセージを要約する言葉で、反復句のように繰り返し使われています。この信仰における天国の本の中で明らかにされてきた諸々のテーマは、この言葉をもって一つとなり見事なエピローグとなっています。エリザベットはまだこのように明瞭に表現する以前から、彼女の「秘密」は他にはあり得ないことを悟っていました。神のみ姿が自らに住まわれていることを発見し、念祷し、自分を知り、愛するために内面化することは、「愛されるままに」の次元にあることです。この手紙の書き出しに彼女自身が表明しています。「あなたの娘（エリザベットの事）がこれからお伝えしようとしていることは、感じていること……それればかりか深く潜心し神さまと一致している時に、神さまがあなたの娘に分からせてくださったことを打ち明けようとしているのです」（愛されるままに1）。

神はあなたを愛することをやめない

エリザベットがこの手紙を書いた直接の目的は、院長を励まし導くためだったことは確かです。しかしながら、基本的には、彼女の人生で連絡を取り合っていた人々に伝えたいと願ったメッセージでもあります。福音史家ヨハネの次の言葉に導かれるように。「ここに愛があります。わたしたちが神を愛したのではなく、神がわたしたちを愛して……」（一ヨハネ4・10）。エリザベットは、私たちの生来の生き方そのものを変えるように手を差し伸べようとしていました。ここでは、主を愛する努力を指しているのではありません。これは一つの課題であり、私たちの力からでは、決して得ることができないものなのです。それは律法の次元にもどり、その光のもとで私たちは常に罰の概念にさらされています。なぜならば自分たちが律法を揺らぐことなく固持することができないからです。エリザベットは聖パウロが私たちに新しい掟について言及しようとしていることを大変よく理解していました（ローマ7・8参照）。それゆえ、福音書が描く新しい次元は、愛の次元なのです。その愛は私たちの心に豊かに注がれている神の愛です。ここから考察しても、私たちの最重要課題は、神が私たちを愛しておられることの発見の上に常に成り立っているのです。「わたしたちが愛するのは、神がまずわたしたちを愛してくださったからです」（一ヨハネ4・19）。

エリザベットは預言的啓示的トーンを使っています。彼女の言葉は彼女のものではなく、主から託された言葉であると意識しています。彼女は単なる仲介者であり、神の代弁者なのです。その時の彼女の使命は、神の愛が何であるかを私たちに理解させることなのです。

疑いなく私たち一人ひとりへの神の愛は、それぞれにとって唯一であり、「好まれた者に対するもの」であり、それを前にして恐れるべきではなく、感謝の念をもって単純に受け入れるべきです。「その為には、いかなる障害ももはや障害になると考えずに、というのも……」神はその愛を存分に注いでくださいます（愛されるままに2）。「この人たちよりもより以上愛されるままになりなさい」という言葉で強調されている「好まれたもの」なのです。独占ではありません。愛が個人的な生活体験に変りますが、その愛は非常に真実で無限であるので、他の愛ーこれも永遠で唯一ではありますがーとは比較できません。神は愛において他の術《すべ》を使われないのです！

神の愛は、それを受け入れて、神のなされるままになる時、人生を変容させ、「あなたが壊したものを立ち直らせる」ものとなるのです（同文献）。愛は、神が私たちの生命を形作っていく彫刻具であり、愛において生命を築き上げていくのです。

神の存在にあずかる

神の無限の愛の奥深くに入り込むとは、既に天国と神のみ業にあずかっていることです。自身の内に住まわれる無限の宝に気づく者は、この秘密を、黙して自分だけのものとしてしまいこむことはできません。分かち合い、そして人々が人生に意義を見出し、充満に生きることができるその「唯一必要なもの」と出会うように手を差し伸べる必要があります。エリザベットは院長に天国に生きることを提案しますが、これは私たち一人ひとりに向けられています。「愛の交わりの中に、愛を信じ」(愛されるままに4)。

無条件の愛、常に敬虔であわれみ深い愛。既に明言してきたように、神は私たちのみじめさに驚かれません。そこでこそ、私たちへの神のはかり知れない愛の秘義を深めることができます。「そして、主お一人でそれをなさりたいのです。

被造物が知っている罪と惨めさの行いでないかぎり、あなたはそのお恵みに値するようなことを何もなさらなくても、神はそれでもあなたを愛してくださるのです」（愛されるままに5）。

もしエリザベットが示しているこの神の愛についての記述を真剣に受け止めるなら、ー気が付かないうちにーすでに私たちの内に起こっていることに目を留めるべきでしょう。神の愛とは常に行動における愛であり、たえず創造しているものです。次のエリザベットの言明は、私たちがもし自らに内在している秘義を照らし出されるままにするなら、私たちは無関心ではいられないでしょう。「主はあなたの内に全てのことを最後まで成し遂げられるでしょう。なぜなら主が一つの魂を愛する時はその極致までそのやり方で愛されるのです。そしてその魂を愛されるときには、み旨の儘に変容する自由な愛をもって愛されるのです。するとその魂は高く舞い上がるでしょう！」（愛されるままに5）。

神の愛の庇護のもとには、絶望したり、失敗を悔いる場はありません。主の傍にいる限り、私たちは、勝利と、そして私たちの人生には計り知れない意義があることを確信します。主は私たちに成功を確証して下さいます。もちろん、ここで言う成功とは、普通、人間が達成しようとしているものとは異なるパラメーターでの成功です。もし神の愛があらゆる人々にとってそのようなものであるならば、何故私たちの生活に反映されていないのでしょうか？　多分それは、神の現存に対し、また私たちに授けて下さっている全てに対して、私たちが盲目でいるからです。では、どのような道があるのでしょうか？　既にエリザベットは私たちに示しています。「主、唯一の神、聖三位にパーソナルに出会うには心の深淵に降下し、主との交わりの内に生き、その愛に根付いてください。魂の深みの内に生きてください！　私の師はそこで素晴らしいみ業をなさろうとしていることを、私に明瞭に悟らせてくださいます」（愛されるままに6）。

いかなるものも神の愛から私たちを引き離せない

これまでに省察したように、いかなるものも、決して何ものも、そして誰もその愛から私たちを引き離すことはできないでしょう。どんなことがあろうと、世界が消滅してしまっても、神は私を見捨てません。ですから、疲れ、不安、苦しみさえも神の愛から私たちを遠ざけるような力を持っていないはずです。ですが、それは大部分私たち次第なのです。というのも、神は常に私たちの内に、私たちと共に確かにとどまっておられるからです。エリザベットが新たに強調している大切なことは「神は深く働き、何があってもあなたを愛し、しかも今以上に、ということを信じることです。なぜなら神の愛は自由で、あなたの内でご自身を讃えられることをお望みなのです」（愛されるままに6）。

これらの言葉を前にして、これ以上書き続けることはできません。本質的で根本的な事がそこに全て述べられているのですから。とてもシンプルな真実であり、シンプルな考えをもった人たちに宛てて示されたものですが、神は同時にあなたの手にこの真実を委ねています。あなたはそれを拒むのでしょうか？

14. あなたは幸せになれる――結論

神の秘義に近づくにつれ、言葉は、繰り返しで、むなしく、意味をなしていないように響き始めることを確信すると、沈黙にたどり着くのです。それは空虚な沈黙ではなく交わりに満ちた沈黙といえましょう。これが愛の真実の言語であり、もっとも奥深く、最も確かなものです。

本書を通じて人生を歩む道について、これまで幾つかの示唆を試みてきました。ここ迄は、エリザベットが私たちの指針となっています。そして今、最も大切なことが残されています。一人ひとりが、私たちを待っておられる愛である神に出会うために、あなた自身の道をつくり、あなた固有の住みかを見つけ続けてください。主は全てに意味を与えてくださり、私たちの渇きをうるおし、傷を癒し、励ましてくださるでしょう。

エリザベットの実存的な証言は、彼女の教義と共に、幸せになれることを会得させてくれます。というのも真の幸せは、あなたの手の届くところにあり、全ての人、人間一人ひとりの手の中にあるのです。真であり生きている神、愛の御父である神に根付いたものであり、その上、脅威・恐れから解放された永続的な幸せを保証するに必要な要素が、あなた自身の心の内にあるのです。

あなたは自分の存在に出会っていくに従って、神を、又神のおられる所が天国であるという真実を発見していきます。ですがこれは、神の愛と現存を確信していないかぎり体験できません。その上で人生は、前もって私たちに与えられた天国となって、真の幸せが満ちあふれるのです。

天国は歴史の無慈悲さや様々な出来事に支配されてはいません。天国とは神が既にあなたに授けてくださっている永久《とわ》の幸せなのです。ですからあなたは手を伸ばし、その幸せをしっかりと握りしめてください。その幸せや愛が常に展開する余地があることを、驚きの内に発見するでしょう。こうして人間の心に生じる限りない渇きは、それをうるおす泉に出会うことができるのです。

そこでエリザベットは、あなたに、そして〝私たち全てに〟言うのです！　既にイエス様が私たちに授けてくださっている幸せを放棄しないようにと。神があなたに幸せになってほしいと望まれる時、素直に受けるべきでしょう。

ただし、何物も誰も真の幸せをもたらすことができないことを忘れてはなりません。あなたが自分の貧しさ或いは豊かさに気付き、そのままのあなたを認め、愛の光のもとに自身の存在を受け入れるならば、その時、まさにその時、初めて幸せに生きることができるのです。あなた自身から説明のつかない力が湧き出て、人々をあるがままに愛し、受け入れ、その幸せを願うことになるでしょう。

このようにして、あなたを解放する神に強く結ばれていくでしょう。なぜならば、あなたの内にある最も深い美しさを、計り知れない豊かさを、そして神が心から愛していることをあなたは悟るでしょうから。愛である神があなたの宝、秘密、天国、そして「必要なものはただ一つ」ということをあなたの内に築いておられるので、もうあなたは何者の或いはいかなる物の奴隷にもなり得ないのです。

終わりに当って、エリザベットの手紙のなかで私たちに向けた祈りを引用したいと思います。これがあなたの祈りでもありますように。

「聖パウロの感嘆すべき手紙には、キリストの愛の秘義以外の教えはありません。ですからあなたに私の望みをお伝えするのに彼の次の言葉を借りることをお許しください。『どうか、御父が、その豊かな栄光に従い、その霊により、力を持ってあなたがたの内なる人を強めて、信仰によってあなたがたの心の内にキリストを住まわせ、あなたがたを愛に根ざし、愛にしっかりと立つ者としてくださるように。また、あなたがたがすべての聖なる者たちと共に、キリストの愛の広さ、長さ、高さ、深さがどれほどであるかを理解し、人の知識をはるかに超えるこの愛を知るようになり、そしてついには、神の満ちあふれる豊かさのすべてにあずかり、それによって満たされるように』」（エフェソ3・16－19）（手紙191、1904年1月25日、アンドレ・シュヴィニャール神学生宛）。

三位一体のエリザベットの略譜

1879 エリザベットの両親ジョゼフ・フランスワ・カテーとマリー・ローラン結婚

1880 7月18日 フランス、ブールジュのアボール陸軍基地にて誕生。
7月22日 受洗

1882 カテー家ブルゴーニュ地方のディジョン市に引越

1883 2月 妹マルグリット誕生

1887 1月 母方祖父、10月 父 帰天

1891 4月19日 初聖体拝領、6月8日 堅信の秘跡

1893 ソルフェージュ部門並びにピアノ部門で一位受賞

1899 霊的日記を書きはじめる。長期間待った末の3月26日、母より21歳になった時点でのカルメル会入会を同意される

1901 8月2日 ディジョン市カルメル会に入会

1902 12月8日 着衣、修練期に入る
1903 妹マルグリット結婚
1905 1月11日 修道誓願宣立
1906 四旬節に病気の最初の兆候
3月 修道院内の病室に移る
8月 エリザベットの最も知られた霊的書「信仰における天国」と
「最後の黙想」を執筆
11月9日 帰天
1984 11月24日 教皇ヨハネ・パウロ二世によりローマにて列福
2016 10月16日 教皇フランシスコによりローマにて列聖

原書文献

1. Escritos

SOR ISABEL DE LA TRINIDAD, *Obras Completas*, Monte Carmelo, Burgos 2005.

SOR ISABEL DE LA SMA. TRINIDAD, *Recuerdos*, San Sebastián 1944^{3}.

ISABEL DE LA TRINIDAD, *Desde la aurora te busco*, Monte Carmelo, Burgos 1984.

2. Estudios

AA. VV., Alabanza de gloria, Monte Carmelo, Burgos 1984.

BALTHASAR, Hans Urs von, *Elisabeth von Dijon und ihre geistliche. Sendung*, 1952. Publicación más reciente junto con otro estudio sobre Teresa de Lisieux: *Schwestern in Geist. Theres von Lisiseux und Elisabeth von Dijon*, Johannes Verlag, Einsiedeln 1990 (4ª ed.)

CUARTAS, R. – SANCHO, F. J., *100 fichas de Isabel de la Trinidad. Para aprender y enseñar*, Monte Carmelo, Burgos 2006.

DE BONO, J., *Elisabetta della Trinità. Il perché della sofferenza*, Editrice Vaticana, Città del Vaticano 2002.

DE MEESTER, C., *Introducción a las obras y mensaje de Isabel de la Trinidad*, en Revista de Espiritualidad 39 (1980).

ID., *Así era Sor Isabel*, Monte Carmelo, Burgos 1984.

ID., *Las páginas más bellas de sor Isabel*, Burgos 2004^{3}.

GARCÍA, CIRO, *Isabel de la Trinidad. Experiencia de Dios en su vida y escritos,* Monte Carmelo, Burgos 2006.

LLAMAS, ENRIQUE, *Dios en nosotros. Doctrina espiritual de Sor Isabel de la Trinidad,* Madrid 1969.

PHILIPON, M. M., *La doctrina espiritual de sor Isabel de la Trinidad,* Desclée de Brouwer, Bilbao 1965.

RÉMY, J., ***Isabel de la Trinidad y la oración,*** **Sal Térrea, Santander 2005.**

SESÉ, B., ***Vida de Isabel de la Trinidad,*** **San Pablo, Madrid 1994.**

SICARI, A., *Isabel de la Trinidad. Una existencia teológica,* EDE, Madrid 2006.

参考文献

"Sor Isabel de la Trinidad", Obras Completas, Editorial Monte Carmelo, Burgos, 2009
『イエズスの聖テレジア自叙伝』東京女子カルメル会訳、サンパウロ、2005年
『完徳の道』東京女子カルメル会訳、ドン・ボスコ社、2006年
『霊魂の城』東京女子カルメル会訳、ドン・ボスコ社、2007年
『光、愛、いのちへ』伊従信子編・訳、ドン・ボスコ社、1988年
『あかつきより神を求めて』伊従信子編・訳、ドン・ボスコ社、2004年

なお、本文中の聖書の引用は、日本聖書協会『聖書新共同訳』(2017)を使用させていただきました。

あとがき

一九八三年に福者の列にくわえられた三位一体のエリザベットは、多くの人々の「早く聖女に」との願いと期待にもかかわらず三十年以上も沈黙のうちに、三位一体の神秘の観想に沈んでおりました。でも、神様の時が満ちたのでしょうか、二〇一六年教皇フランシスコによって列聖され、以来、多くの人々が新しい聖女の教えと霊性に惹かれて神との親しい交わりの神秘に分け入っています。

折も折、私たちの願いに応えてハビエル・サンチョ神父さまの来日が実現し、その四か月後にローマで列聖されることになっていた福者エリザベットについて講話してくださったことは、時宜を得たお恵みでございました。スペインはアビラの神秘大学の学長、教授であられるサンチョ師の存在の深みから溢れ出る教えとお言葉を一人でも多くの方々と分かち合いたいと思い立ったのが、本書の誕生の動機でした。ここに、師による誠実そのものの語り口、そして聖エリザベットの妙味を味わうことができるようになりましたのは、ひとえに、松岡順子さんと、安場由さんのご協力の賜物です。お二人の息のあった多大なご協力がなければ本書は生まれなかったことでしょう。ここで、あらためてお二人に深い感謝をお捧げいたします。また、男子カルメル会の松田浩一師に、訳語監修のために沢山助けていただきましたことにも深く感謝いたします。

この度、コンベンツアル聖フランシスコ修道会の竹内昭彦管区長様と聖母の騎士社の山口雅稔神父さまのご厚意により、本書が聖母の騎士社から出版のはこびになりました。出版界の厳しい現状にもかかわらずお引き受けくださいましたご愛徳に心からお礼申し上げます。

二〇一八年五月二七日（三位一体の主日）　　　　　　西宮カルメル会

《フランシスコ・ハビエル・サンチョ・フェルミン o.c.d.
(Francisco Javier Sancho Fermín, O.C.D.)》
神学博士（専門 霊性神学）
経　　歴　在ローマ・カルメル会国際神学院テレジアヌム　教授
現奉仕職　ブルゴス大学神学部教授
アビラ・カルメル会神秘大学研究所所長、教授
サラマンカ・カトリック大学、アビラの聖テレサ研究員
著　　書　エディット・シュタインについての研究（多数）
カルメルの秘義についての考察（多数）
訳　　書　エディット・シュタイン作品集
神秘学、霊性について生涯を捧げ研究し、ヨーロッパ、アメリカ等の諸外国で講演活動、執筆活動、黙想指導等に携わる。

地上の天国 三位一体のエリザベットの秘密
フランシスコ・ハビエル・サンチョ・フェルミンo.c.d.
西宮カルメル会 訳

2018年6月29日　第1刷発行

発　行　者●竹　内　昭　彦
発　行　所●聖母の騎士社
〒850-0012 長崎市本河内2-2-1
TEL 095-824-2080/FAX 095-823-5340
E-mail: info@seibonokishi-sha.or.jp
http://www.seibonokishi-sha.or.jp/

製版・印刷●聖母の騎士社
製　　　本●篠原製本㈱

Printed in Japan

ISBN978-4-88216-375-6 C0116

聖母文庫

神との親しさ③
心の浄化
SMP・ガブリエル＝著　伊達カルメル会＝訳

キリスト信者の必読書。神よ、あなたは、あなたを知り、愛し、あなたに仕えるために、わたしを造ってくださったのです。

価格500円(税別)

神との親しさ④
愛の実践と聖霊
SMP・ガブリエル＝著　伊達カルメル会＝訳

キリスト教的生活の基礎である愛の掟と聖霊の賜物について黙想するために。

価格500円(税別)

神との親しさ⑤
秘跡と使徒職
SMP・ガブリエル＝著　伊達カルメル会＝訳

イエス・キリストが築かれた教会、定められた秘跡、命じられた使徒職についての黙想。

価格500円(税別)

神との親しさ⑥
三位一体の神
SMP・ガブリエル＝著　伊達カルメル会＝訳

三位一体の神、神の属性、聖霊についての黙想。人々の中に働かれる聖霊について考える。

価格500円(税別)

神との親しさ⑦
キリスト・イエズス
SMP・ガブリエル＝著　伊達カルメル会＝訳

おおイエズス、受肉された神のみ言葉であなたの内に秘められた偉大な神秘を、もっと深く悟らせて下さい。

価格500円(税別)

聖母文庫

SMP・ガブリエル＝著　伊達カルメル会＝訳

聖マリアと聖ヨセフ

神との親しさ⑧

おお、神の母マリア、そしてわたしの母でもあるマリア。あなたのやさしいお姿は、なんという光、なんという慰めをわたしにもたらすことでしょう。

価格500円（税別）

場﨑　洋

キリスト教 小噺・ジョーク集

この書で紹介するものは実際に宣教師から聞いたジョークを集めて綴ったものですが、それ以外にも日本で生まれたジョークや笑い話、小噺を載せてみました。

価格600円（税別）

場﨑　洋

イエスのたとえ話

私たちへの問いかけ

歴史的事例や人物、詩などを取り上げながら私たちが生きている現代社会へ問い掛けているイエスのメッセージに耳を傾けていきたいと思います。

価格800円（税別）

森本　繁

ルイス・デ・アルメイダ

本書は、アルメイダの苦難に満ちた医療と伝道のあとを辿り、ルイス・フロイスとの友情や、さまざまな人たちとの人間的な交流を綴ったものである。

価格600円（税別）

ホセ・ヨンパルト

「笑う」と「考える」・「考える」と「笑う」

人間は笑うだけでは幸せになれませんが、考えることによって幸せになることができます。

価格500円（税別）

聖母文庫

ルイス・カンガス
イエス伝
イエスよ、あなたはだれですか

男も女も彼のために、全てをささげ命さえ捧げました。この不思議なイエス・キリストとはどのような方でしょうか。

価格1000円（税別）

ミゲル・スアレス
キリスト者であることの喜び
現代教会についての識別と証しの書

第二バチカン公会議に従って刷新された教会からもたらされる喜びに出会いましょう。

価格800円（税別）

水浦征男
この人

月刊「聖母の騎士」に掲載されたコラム（「スポット・ライト」、「この人」）より1970年代から1980年代にかけて掲載された人物を紹介する。

価格800円（税別）

木村 晟
すべては主の御手に委ねて
ヴォーリズと満喜子の信仰と自由

キリスト者達は皆、真理を実践して真の自由を手にしている。近江兄弟社学園の創設者ヴォーリズと妻満喜子も、平和を愛する信仰の勇者なのであった。

価格1000円（税別）

森本 繁
南蛮キリシタン女医 明石レジーナ

江戸時代初期に南蛮医学に情熱を燃やし、外科治療に献身した女性が存在した。実証歴史作家が描くレジーナ明石亜矢の物語。

価格800円（税別）

聖母文庫

伊従信子＝編著
わたしは神をみたい
いのりの道をゆく
マリー＝ユジェーヌ神父とともに

マリー＝ユジェーヌ神父は、神が、多くの人々を神との一致にまで導くように、自分を召されたことを自覚していました。

価格６００円（税別）

高橋テレサ＝編著　鈴木宣明＝監修
アビラの聖女テレサと家族

離れがたい結びつきは夫婦・血縁に限ったことではない。縁あって交わることのできた一人一人との絆が大切なのである。それを私は家族と呼びたい。

価格５００円（税別）

レジーヌ・ペルヌー＝著　門脇輝夫＝訳
現代に響く声 ビンゲンのヒルデガルト
12世紀の預言者修道女

音楽、医学他多様な才能に恵まれたヒルデガルト。本書は、読者が著者と同じく彼女に惹かれ、親しみを持てるような研究に取り組むものである。

価格８００円（税別）

崎濱宏美
石蕗の詩（つわぶきのうた）

叙階25周年を迎えた著者は、長崎県五島生まれ。著者が係わりを持った方々への感謝を込め、故郷から現在に至る体験をエッセイや詩で綴る。

価格５００円（税別）

ボグスワフ・ノヴァク
真の愛への道
人間の癒しの源であるキリストの受難と復活

名古屋・南山教会主任を務める神言会のポーランド人司祭が著した愛についての考察。愛をまっとうされたイエスの姿から、人間の愛し方を問う。

価格５００円（税別）

聖母文庫

水浦久之
愛の騎士道

長崎で上演されたコルベ神父物語をはじめ、大浦天主堂での奇跡的出会いを描いたシナリオが甦る。在世フランシスコ会の機関誌に寄せたエッセイも収録。　価格600円（税別）

水浦征男
教皇ヨハネ・パウロ物語
「聖母の騎士」誌22記事再録

教皇ヨハネ・パウロ一世は、あっという間に姿を消されたため、その印象は一般にあまり残っていない。わずかな思い出を、本書の記事で辿っていただければ幸いである。　価格500円（税別）

ジョン・A・シュグ＝著　甲斐睦興＝訳　木鎌安雄＝監訳
ピオ神父の生涯

2002年に聖人の位にあげられたカプチン会司祭ピオ神父は、主イエスの傷と同じ五つの聖痕を持っていた。神秘に満ちた生涯を文庫サイズで紹介。　価格800円（税別）

ハビエル・ガラルダ
こころのティースプーン（上）
ガラルダ神父の教話集

東京・雙葉学園の保護者に向けてガラルダ神父がされた講話をまとめました。心の底に沈んでいる「よいもの」をかき回して、生き方に溢れ出しましょう。　価格500円（税別）

ハビエル・ガラルダ
こころのティースプーン（下）
ガラルダ神父の教話集

イエズス会司祭ガラルダ神父が雙葉学園の保護者に向けて語られた講演録第二弾。心の底に沈んでいる「よいもの」をかき回して、喜びに満ちた生活へ。　価格500円（税別）